Leituras Críticas Importam
Alvaro de Azevedo Gonzaga (Coord.)

CAROLINA **PICCOLOTTO GALIB**

Imigrantes e refugiados

Leituras Críticas Importam
Alvaro de Azevedo Gonzaga (Coord.)

CAROLINA **PICCOLOTTO GALIB**

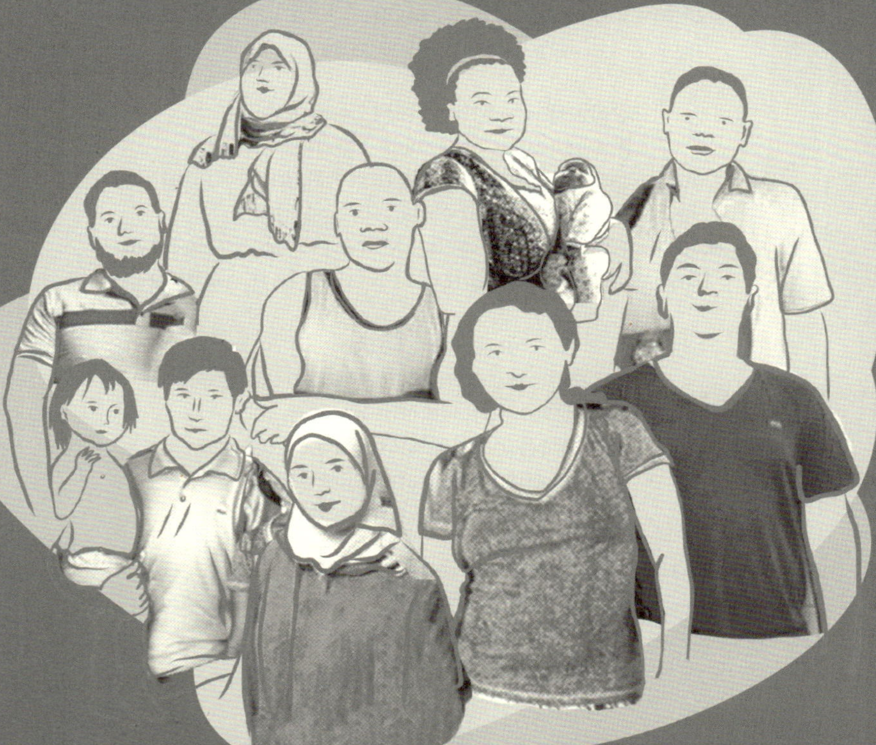

Imigrantes e refugiados

©2021, Carolina Piccolotto Galib

Todos os direitos reservados e protegidos pela Lei nº 9.610/1998.

Nenhuma parte deste livro, sem autorização prévia, poderá ser reproduzida ou transmitida sejam quais forem os meios empregados: eletrônicos, mecânicos, fotográficos, gravação ou quaisquer outros.

Publisher – Editorial: Luciana Félix
Publisher – Comercial: Patrícia Melo
Copidesque e preparação de texto: Pamela Andrade
Revisão: Equipe Matrioska Editora
Projeto gráfico e editoração: Marcelo Correia da Silva
Ilustrações e Capa: Rafaela Fiorini e Lídia Ganhito

Matrioska Editora
Atendimento e venda direta ao leitor:
www.matrioskaeditora.com.br
contato@matrioskaeditora.com.br
facebook.com/matrioskaeditora
instagram.com/matrioskaeditora

Dados Internacionais de Catalogação na Publicação (CIP)
(Câmara Brasileira do Livro, SP, Brasil)

Galib, Carolina Piccolotto
  Imigrantes e refugiados / Carolina Piccolotto Galib. -- São Paulo : Matrioska Editora, 2021. -- (Leituras críticas importam ; 1 / coordenação Alvaro de Azevedo Gonzaga)

  ISBN 978-65-86985-28-3

  1. Direitos humanos 2. Imigrantes - Brasil 3. Migração 4. Políticas migratórias 5. Refugiados - Brasil I. Gonzaga, Alvaro de Azevedo. III. Título IV. Série.

21-69257   CDD-304.8

Índices para catálogo sistemático:

1. Imigrantes e refugiados : Aspectos sociais   304.8

Maria Alice Ferreira - Bibliotecária - CRB-8/7964

Impresso no Brasil
2021

Agradecimentos

Ao meu orientador de Doutorado, Prof. Dr. Alvaro de Azevedo Gonzaga, meu profundo agradecimento pela oportunidade de trabalhar em tantos projetos essenciais para a concretização dos direitos humanos e por me mostrar que é sempre possível ultrapassar as fronteiras das limitações que colocamos em nós mesmos.

A todas e todos da equipe *PUC-SP de Portas Abertas aos Imigrantes e Refugiados*, pela parceria e aprendizado nos meses de trabalho do projeto.

Aos amigos Abdul Jarour, Prudence Kalambay, Teresa Sebastião, Francilome Choisy e tantos outros imigrantes que me fazem sentir acolhida no meu próprio país.

Ao meu eterno orientador, o querido Prof. Luis Renato Vedovato, grande professor, pesquisador e ser humano com quem tive a honra de iniciar a minha jornada na pesquisa e aprender com o seu olhar crítico e sensível sobre o mundo.

Aos meus pais, Miriam e Flavio e, ao meu irmão, Felipe. Palavras não são e nunca serão suficientes para expressar minha gratidão por tudo.

Apresentação da Série

Crítica Ancestral

A série *Leituras Críticas Importam* nasce ambiciosa e orgulhosa, ao mesmo tempo. A ambição perpassa a perspectiva de nossas autoras e autores, que assumiram a tarefa de contribuir no debate público brasileiro com temas de fôlego, enquanto o orgulho vem da unificação do novo com a ancestralidade que acompanha cada linha depositada nestas páginas.

As diversas obras que compõem este projeto foram pensadas para que possamos compreender como as ancestralidades construíram e fortificaram um novo pano de fundo que defendemos. O objetivo aqui, seja explícito ou não, é criar uma série em que o criticismo filosófico fosse capaz de alçar novos voos, assumir outras cores, raças, gêneros, identidades e formas que não apenas as falas tradicionais da filosofia eurocêntrica.

Leituras Críticas Importam consiste na dimensão de que a luta por questões estruturais, fundantes, elementares são necessárias e constantes. A série aponta para o direcionamento de que a ancestralidade é mais que uma definição: é um compromisso com as gerações anteriores e com uma tradição que jamais pode ser apagada. Nos textos que conformam essa obra ambiciosa, as ancestralidades não podem ser vistas apenas como uma forma de expressar e legitimar dimensões singulares e simples, mas sim, de compreendermos as questões convergentes e divergentes nessas trajetórias, tão necessárias para uma construção democrática, plural e crítica.

A convergência está no núcleo de nossos livros, que buscam reconhecer a existência de uma estrutura construída a partir de racismos contra indígenas, negros, povos e comunidades tradicionais, de discriminações contra as pessoas em situação de rua, pessoas com deficiência, pessoas LGBTQIA+, imigrantes e refugiadas. Está no reconhecimento das formas pelas quais o patriarcalismo é tensionado pelos feminismos; ou na constatação dos privilégios daqueles beneficiados por essa construção social em todas as instâncias dessa sociedade, inclusive no ambiente de trabalho. Na divergência, a necessária compreensão das multifaces que constroem uma dimensão imagética encantadora, brilhante, genial, rica e em caminhos abertos à crítica.

É na ancestralidade, não eurocêntrica, de aprendermos com aqueles que nos antecederam para decolonizarmos os corpos que foram sistematicamente excluídos, que podemos tensionar e criticar uma sociedade que se declara pró-democrática ao mesmo tempo em que, ao se omitir de maneira contumaz das "Leituras Críticas", é verdadeiramente demagógica. Uma sociedade que precisa ser antirracista, antipreconceituosa e, entre tantas coisas, comprometida com a superação de privilégios.

Cada palavra selecionada nos volumes foi escrita por mãos plurais que se desacorrentaram das dimensões individuais, sem abandonar suas individualidades e subjetividades e, com isso, a série é um convite aos leitores para que tragam suas críticas e reflexões, visando o constante aprimoramento para um horizonte melhor no amanhã.

Alvaro de Azevedo Gonzaga
Em coconstrução com as autoras e os autores da série
Leituras Críticas Importam.

Prefácio

Este livro é a grande obra de uma autora que se dedica ao estudo, pesquisa e trabalha pela causa do refúgio e imigração.

Durante a leitura, percebemos que foram realizadas pesquisas sobre os mais diversos aspectos que se relacionam ao tema, fundamentando a sua narrativa em dados históricos, o que permite ao leitor a ampla compreensão sobre o que é reportado de forma rica e leve, com um panorama do atual contexto migratório.

A autora menciona em sua narrativa algo muito interessante e que merece uma reflexão profunda por parte de todos os órgãos competentes, bem como da sociedade: O fato de ainda estarmos longe da real compreensão e significado da prática da igualdade, o que demonstra que ainda temos um longo trabalho pela frente, trabalho esse que seja capaz de mudar esse quadro através do estudo, pesquisa, divulgação de informações e do debate constante sobre o tema.

O povo brasileiro é formado por uma mistura de várias etnias e disso vem a sua grande diversidade, beleza e riqueza e, muitas vezes, essa origem é esquecida e observamos situações de xenofobia, racismo e diversos tipos de preconceitos e discriminação.

Vale ressaltar que já vivemos um período em que no mundo não havia exigências de passaportes e vistos e a movimentação de pessoas era estimulada para que houvesse o equilíbrio demográfico, mas a partir do momento em que houve necessidade de as nações buscarem as suas identidades nos perdemos e geramos a exclusão e os estereótipos causados pelos muros e barreiras físicas e

imaginárias. Além dessas barreiras, a criação e estabelecimentos de documentos específicos como passaportes e vistos levaram à valorização de alguns países e desvalorização de outros, ou seja, para alguns cidadãos, a circulação pelo mundo acaba sendo restrita e, para outros, mais amplas.

A partir disso, houve a necessidade de se estabelecer critérios que garantissem os direitos básicos ao cidadão que, por razões diversas, se deslocam em busca de uma nova vida e para entender todo esse processo a autora apresenta com detalhes as entidades que se dedicaram a definir conceitos, estabelecer leis e tratados, convenções, pactos e os instrumentos legais que foram lançados internacionalmente para que todos os países agissem de acordo com essas orientações.

Algumas dessas leis foram criadas baseadas em estudos teóricos e pesquisas, mas sem conexão e proximidade e, principalmente, sem ouvir a comunidade migratória para entender as suas reais dores e necessidades. Muitas vezes essas leis não atendem plenamente aos imigrantes e ainda os prejudicam. Além disso, alguns políticos que se posicionam como patriotas criam mecanismos para fechar as portas e estimular a discriminação com discursos de que o imigrante chega para roubar empregos e ser uma ameaça à sociedade.

Outra citação muito interessante da autora, que merece reflexão e análise, é a forma como a palavra raça foi definida pela Teoria de Darwin, a qual foi considerada "pejorativa" e apesar de posteriormente novos conceitos serem estudados e divulgados não impedem que exista o medo do outro e a discriminação aconteça.

Sabemos que é a partir da discriminação que direitos sociais básicos (saúde, educação e assistência social) já estabelecidos não são oferecidos a quem é devido e essa tem sido a luta das representações e entidades que apoiam a causa do Refúgio e Migração, na busca de políticas públicas que garantam os

XIV

direitos já estabelecidos. Nesse quesito, a autora estabelece uma ampla reflexão a respeito da importância de uma educação realmente inclusiva, assim como uma saúde com garantias já instituídas, a exemplo do modelo implementado em 1988 pelo Sistema Único de Saúde (SUS) do Brasil, cujos princípios são norteados pela universalização, equidade, integralidade, descentralização e participação popular. Diante desse contexto e levando-se em consideração a universalização, por exemplo, é possível notar que todos devem ser atendidos, livres de qualquer discriminação e com amplo acesso, fatos esses que a autora discorre com profundidade e maestria.

A autora também apresenta como as pessoas em situação de refúgio podem ser beneficiadas com a Lei de Migração, as exigências para a regularização no Brasil e as questões voltadas ao desafio e às barreiras do aprendizado da língua e reconhecimento de diplomas e certificações.

Por fim, o livro trata da importância da acolhida do imigrante e como essa ação pode contribuir para a construção de uma sociedade mais justa e equilibrada e deixa claro que o argumento da soberania das nações encontra barreiras nos tratados internacionais e não respeitar o que determina esses tratados significa violar os princípios dos Direitos Humanos.

Uma leitura obrigatória para quem atua com a causa migratória, deseja ampliar seus conhecimentos e/ou buscar uma nova visão sobre o tema, assim como aos iniciantes e interessados em entender esse tema tão atual, pertinente e relevante.

Abdulbaset Jarour
Abril 2021

Sumário

CAPÍTULO 1 – O ESTRANHO
Nacionais e não nacionais: uma distinção necessária? 1
   Quem são os brasileiros? 13
   Quem pode se tornar brasileiro? As facilidades e dificuldades da naturalização 14
   Xenofobia, discriminação e preconceito: o medo do outro 17

CAPÍTULO 2 – DE ESTRANGEIRO A IMIGRANTE
Refugiados e imigrantes: entre distinções e semelhanças, a busca pelo direito de migrar 35
   A necessária proteção dos mais vulneráveis: a migração forçada 40
   O Sistema Internacional de Proteção do migrante 48
   Declaração Universal dos Direitos Humanos 50
   Convenção Relativa ao Estatuto dos Refugiados e seu protocolo facultativo 54
   Pacto Internacional dos Direitos Civis e Políticos e Pacto Internacional dos Direitos Econômicos, Sociais e Culturais 59
   Convenção Internacional sobre a Proteção dos Direitos de todos os Trabalhadores migrantes e dos Membros de suas Famílias 63
   Sistema de Organização dos Estados Americanos (OEA) 64
   Declaração Americana dos Direitos e Deveres do Homem 65
   Convenção Americana sobre Direitos Humanos (Pacto de San José da Costa Rica) 68
   Declaração de Cartagena 78

CAPÍTULO 3 – O CIDADÃO DO MUNDO
O que é hospitalidade? 83
   A importância do acesso a direitos sociais: saúde e assistência social 88
   Direito à educação 94
   A representatividade e o direito ao voto: uma conquista necessária 96

CAPÍTULO 4 – SOMOS TODOS IMIGRANTES
Tipos de imigração no Brasil 99
   Livre circulação e o direito de ingresso 106
   A acolhida do imigrante e a construção de uma sociedade igualitária 115

REFERÊNCIAS 121

CAPÍTULO 1 – O ESTRANHO

Nacionais e não nacionais: uma distinção necessária?

Por mais óbvio que isso seja, os seres humanos habitam um lugar comum: o Planeta Terra. É importante lembrar também que, como seres humanos, as necessidades básicas de sobrevivência e desenvolvimento dignos são as mesmas: alimentação, moradia, saúde e educação. Há a produção de cultura, de religião, de arte etc. Há a necessidade de se relacionar com o outro, por vezes igual, por vezes (quase sempre) diferente. A comunicação, por meio da linguagem falada e escrita, também é essencial. Evidentemente que, a depender da localização geográfica e das influências sociais a que o indivíduo ou grupo de indivíduos está submetido, a produção do regramento social, a cultura, o modo de se comunicar e se relacionar com o outro terão características próprias.

As regras produzidas por estes mesmos seres humanos com características e necessidades comuns – ao menos sob o prisma distante pelo qual se objetiva observá-los – têm o condão de organizar a sociedade, que surge a partir do agrupamento de seres humanos com finalidades comuns.

Apesar destes pontos em comum entre os seres humanos, nota-se que a sociedade em geral está cada vez mais longe de compreender o real significado da igualdade em todos os aspectos possíveis. Assim, há um esforço deliberado de insistir nos pontos de distinção que existem – e devem ser reconhecidos –, mas que não podem ser utilizados como argumento de segregação e ponto para acentuar a desigualdade social, no sentido de acesso a direitos.

Quando o debate é sobre o direito de deslocamento do ser humano pela casa comum, que é o Planeta Terra, parece que os pontos de distinções que obstam direitos são mais presentes do que a liberdade de circular.

Porém, o que está em jogo aqui, no primeiro momento, não é só uma distinção relacionada às características biológicas do ser como gênero, raça ou costumes, mas, sim, uma distinção criada de modo fictício pelos Estados no uso do seu poder soberano: a distinção de quem são e quem não são os nacionais.

Nesse contexto, indaga-se: **é preciso distinguir as pessoas por meio da nacionalidade?**

Para começar a responder a essa pergunta, o ponto de partida é entender o desenvolvimento das sociedades e dos Estados.

Os agrupamentos humanos surgem a partir de uma organização simples e homogênea e em que, aos poucos, a partir do movimento de diferenciação dos indivíduos que possuem as mesmas aptidões, modos de organização mais complexos aparecem. Porém, mesmo os grupos diferenciados necessitam dos demais para sua sobrevivência, sendo que a harmonização da coletividade é essencial (TELLES JR., 2014 p. 597). Disso decorre a necessidade de um poder social que não sufoque as diferenças, mas que promova a sua organização.

Ao contrário do que por muito tempo argumentou a corrente jusnaturalista, o ser humano é constituído por diferenças. Tais diferenças se expressam na existência das diversas culturas, etnias, religiões, costumes, cores e crenças. O reconhecimento de tais diferenças se aproxima do reconhecimento do ser humano como único e possibilita a concretização da dignidade da pessoa humana. Assim, cada um tem direito de ser o que realmente é.

A palavra Estado foi utilizada pela primeira vez em 1513 por Maquiavel no livro *O Príncipe*. No entanto, a acepção política da palavra só ocorre no século XVI, momento em que passa a existir uma sociedade dotada de certas

características, como, por exemplo, a soberania (DALLARI, 2007, p. 51-53).

Alguns elementos são essenciais para a conceituação do Estado, como estabelecem, por exemplo, alguns documentos internacionais, dentre os quais a Convenção Interamericana sobre os Direitos e Deveres do Estado, de 1933, firmada em Montevidéu. Esses requisitos são: população permanente, território determinado, governo e capacidade de relacionar-se com outros Estados. Tais elementos constitutivos do Estado são provenientes do olhar da ciência do Direito e podem ser sintetizados em: povo, território e soberania (BOBBIO, 2017, p. 122).

Em 1648, a paz de Westfália colocou fim à guerra dos 30 anos[1] com os tratados de Münster e Osnabrück, os quais também foram responsáveis pela definição das fronteiras do continente europeu. Neste período histórico, as normas internacionais que surgiram passam a regular a relação de coexistência estatal, pautada na lógica da abstenção (LAFER, 2015, p. 3-4).

Aos poucos, a dinâmica da abstenção dos Estados no plano internacional cede espaço para a necessidade de maior colaboração entre os Estados na sociedade internacional. No modelo anterior, isto é, de Westfália, as violações ou ingerências aos indivíduos ficavam a cargo exclusivamente dos Estados que tinham o controle absoluto sobre os seres humanos que estavam no seu território.

É claro, também, que os Estados coexistem em uma sociedade de Estados e toda forma de convivência faz com que os sujeitos se submetam a algum tipo de limitação. A soberania pode ser compreendida, então, como duas

---

[1] Assim denominado o conjunto de batalhas que ocorreram de 1618 a 1648 em razão de disputas territoriais e religiosas, como a rivalidade entre a religião católica e a religião protestante.

faces de uma mesma moeda. A primeira face diz respeito às relações entre governantes e governados, e a segunda impõe limitações aos Estados no plano internacional, isto é, na relação com outros Estados.

Sobre os limites internos e externos do Estado, a formação do Estado moderno ocorreu da unificação dessas duas forças, a interna e a externa, pois, na medida em que o Estado se fortalece através do seu aparato de poder no âmbito interno, o seu poder torna-se também mais ilimitado nas relações com os outros Estado, proporcionando a ele independência (BOBBIO, 2017, p.133-134).

No entanto, não basta a reunião dos elementos para que o Estado exista, se faz necessário um elemento de conexão entre eles. Na segunda metade do século XIX, Mancini, um jurista italiano, defendia que esse elemento de conexão seria a nacionalidade. Além da nacionalidade, elementos que proporcionem uma autonomia econômica aos Estados, entre outros (LAFER, 2015, p.3-4).

O novo modelo que surge no século XIX tem como marco principal o fim da Primeira Guerra Mundial, ocasião em que, na Conferência da Paz em Paris no ano de 1919, é elaborado o Tratado de Versalhes. Este documento internacional cria, dentre outras coisas, a primeira organização internacional, a Sociedade das Nações, com a intenção de alcançar a paz mundial, a segurança coletiva e a independência das nacionalidades (LAFER, 2015 p. 4).

No entanto, como afirma Accioly *et al.* (2019, p. 89), esse tratado não foi suficiente para trazer a paz, mas apenas suspender a guerra, em razão de várias falhas de implementação, assim como ao estipular a responsabilidade da Alemanha e aliados pelos prejuízos causados, o que justificaria o dever de pagamento de reparações.

Por este e outros fatores, o Tratado de Versalhes não impede a eclosão da Segunda Guerra Mundial. Entretanto, a tentativa de Versalhes é importante, sobretudo por criar um pacto que regulou o uso da força no plano internacional, além de institucionalizar a comunidade internacional através da criação da Sociedade das Nações.

Sobre a influência dessa nova dinâmica das relações internacionais após a Primeira Guerra, e a partir desse momento, houve o aumento no número de pessoas que perderam seus lares, sua cidadania e seus direitos e deixaram de ter vínculo com o Estado de origem. Na denominação dada por Hannah Arendt, são os *displaced persons* (deslocados) que se converteram em refugo da terra, pois passaram a ser deslocados no âmbito de um sistema que tem como princípio fundamental a nacionalidade (LAFER, 1988, p. 193).

No contexto de inflação e de desemprego, a partir de uma política nacionalista por parte dos Estados que visava o protecionismo, impondo dificuldades também na circulação, o número de pessoas sem vínculo jurídico com os Estados aumentou (LAFER, 1988, p. 191). Um fato que comprova que, antes da Primeira Guerra Mundial, a circulação de pessoas não possuía tantos empecilhos é que os documentos como passaportes e vistos não eram usuais, justamente porque era permitido atravessar as fronteiras sem grandes problemas (LAFER, 1988, p. 193).

Nota-se, portanto, que a imigração nesse momento não era um dilema[2], pois não existia controle incisivo por parte dos Estados nesta questão. Na verdade, os Estados

---

[2] O problema diante de um cenário de maior atravessamento de fronteiras é a ausência de suporte do Estado e a aplicação de políticas restritivas. A imigração é um direito e pode se transformar em um problema se a resposta dos Estados não for suficiente.

incentivavam a mobilidade humana, uma vez que alguns países buscavam o equilíbrio demográfico. Assim, de um lado, existia o incentivo à imigração e, de outro, países que tinham a intenção de preencher os seus vazios populacionais buscavam mão de obra capaz de fazer sua modernização (SILVA, 2011, p. 202). Portanto, o ciclo se fechava sem grandes dificuldades: existiam o incentivo para a imigração e os países que se colocavam na condição de receptores do contingente populacional.

A dificuldade em cruzar as fronteiras possui consequência imediata à dificuldade que se impôs às migrações em massa do século XIX e à possibilidade de aquisição de uma nova nacionalidade (LAFER, 1988, p. 194). Nesse sentido, com a concretização e a fortificação do nacionalismo, alguns grupos de minorias não eram incluídos na homogeneidade de uma única nacionalidade, pois não pertenciam a certos grupos religiosos, éticos, linguísticos, por exemplo. A exclusão dessas minorias era parcial: pertenciam ao Estado, mas necessitavam de uma proteção que fosse mais abrangente (LAFER, 1988, p. 197).

Essa exclusão, de alguma maneira, deu força para o início da proteção dos direitos humanos voltados para o indivíduo, mas que abrangeria também a coletividade. Isso foi possível através da celebração de tratados no âmbito da Sociedade das Nações, os quais previam os direitos a vida, liberdade, liberdade religiosa, aquisição de nacionalidade, igualdade dos nacionais em matéria de direitos civis e políticos, obrigação por parte dos Estados de fornecer educação, entre outros (LAFER, 1988, p. 195-196).

Por outro lado, tem-se a situação dos apátridas, que diferem das minorias, pois estas podiam contar parcialmente com a proteção dos Estados e, em outra parte, com a proteção internacional dos Direitos Humanos. Isso porque

o número de apátridas cresceu no período da Primeira Guerra em virtude da nova política de atos do Estado soberano em matéria de emigração, naturalização e nacionalidade, pois, como já mencionado, houve o cancelamento em massa da nacionalidade em relação a quem vivia fora de seu país de origem (LAFER, 1988, p. 198).

Celso Lafer afirma que as pessoas eram consideradas apátridas não por terem feito algo, mas, sim, pelo que eram, isto é, por serem membros de classe, raça ou grupo específicos, os quais eram perseguidos pelos regimes totalitários. E a apatridia, ou ausência de nacionalidade, possui consequências severas no âmbito jurídico, pois há a perda de um elemento de conexão com a ordem dos Estados. A pessoa passa a viver à *margem da lei* e a sua mera presença em um país é considerada uma anomalia (LAFER, 1988, p. 198).

A solução ao apátrida para resgatar a igualdade e restabelecer o vínculo jurídico com o ordenamento era cometer um crime, único modo de estabelecer a isonomia e ser tratado igualmente aos demais, ao menos sob os auspícios do direito penal. Essa afirmação pode causar estranheza para vertentes da criminologia, sobretudo as que afirmam que o discurso jurídico-penal é pautado pela seletividade, reprodução da violência, concentração de poder, criação de condições para condutas lesivas (ZAFFARONI, 1991, p. 15). E, de fato, trata-se de um paradoxo: submeter a um sistema de exclusão para alcançar, de alguma maneira, a inclusão.

Nesse sentido, Celso Lafer (1988, p. 204) faz uma reflexão interessante do lugar (ou da ausência) dos apátridas no mundo no contexto ora tratado:

Os apátridas, ao deixarem de pertencer a qualquer comunidade política, tornam-se supérfluos. O tratamento que recebem dos Outros não depende do que façam ou deixem de fazer. São inocentes condenados, destituídos de um lugar no mundo – um lugar que torne as suas opiniões significativas e suas ações efetivas.

A partir do cometimento de crimes com o intuito de estabelecer um tratamento isonômico entre os nacionais e *estrangeiros*, a polícia afastou-se de suas funções originárias de preservação da paz pública, proteção do direito à vida, da liberdade e propriedade, em razão da transferência a esta instituição das questões ligadas aos nãos nacionais. Essa atribuição de novas funções, na época, fez com que se tornasse um poder independente.

Tal autonomia ganhou força na medida em que crescia o número de refugiados, com direcionamento, inclusive, para autonomia internacional, a partir do relacionamento entre as polícias dos Estados e a criação de uma polícia interestatal independente da orientação dos governos e de cunho político. Hannah Arendt nos mostra que foi o início da transformação do Estado de Direito em um Estado policial (LAFER, 1988, p. 206).

Da tentativa de resgate da igualdade por parte dos apátridas decorre a conclusão de que Hannah Arendt faz dos direitos humanos e da importância que o princípio da isonomia possui dentro do sistema, fazendo alusão de que o artigo 1º da Declaração Universal dos Direitos do Homem, de 1948, o artigo 1º da Declaração de Virgínia, de 1776, ou o artigo 1º da Declaração Francesa, de 1789, não correspondem à realidade ao pressupor a igualdade como algo dado. Ninguém nasce em condição de igualdade com outra pessoa, mas a igualdade é construída, a partir da elaboração da comunidade política, e o ser humano cria

essa situação com regras que estabelecem a igualdade. Para Arendt, não há como separar direito individual do cidadão de se autodeterminar politicamente em conjunto com os outros membros da sociedade, mediante o exercício de direitos políticos, bem como o direito da comunidade de se autodeterminar, convencionando sobre a igualdade (LAFER, 1988, p. 207-208).

Os direitos humanos não alcançavam quem não se enquadrava na trindade Estado, Povo, Sociedade, como era o caso dos apátridas. Os direitos humanos eram úteis somente a quem pertencia à comunidade política, e as pessoas deveriam existir do ponto de vista jurídico para ter direitos (LAFER, 1988, p. 204). Portanto, a cidadania internamente aos Estados representa a ideia de igualdade, pois todo o cidadão deve receber um tratamento isonômico por parte do Estado.

No entanto, do ponto de vista externo aos Estados, é vista como uma fonte de discriminação contra os que não são cidadãos, contra os estrangeiros. Neste ponto, a universalidade dos direitos humanos é parcial, pois o Estado, como única fonte legítima de produção do direito, fomenta mecanismos de exclusão. Além de ausentar os seus cidadãos de garantias que extrapolam o âmbito interno, diante da inexistência de resposta às violações cometidas pelo próprio Estado (FERRAJOLI, 2002, p. 35-36).

Após a Segunda Guerra Mundial, tendo em vista as atrocidades dos regimes totalitários, torna-se necessária a busca por reconstrução de um padrão ético e, nesse contexto, a reconstrução dos direitos humanos se evidencia. Com o fortalecimento do direito internacional dos direitos humanos, a questão migratória ganha ainda mais importância no cenário jurídico e a temática começa a ser regulada partindo-se dos conceitos de migração forçada e migração voluntária, que serão analisados oportunamente.

Em 1945, a Carta das Nações Unidas traz um elemento a mais para além da paz mundial e segurança coletiva, que são frutos do relacionamento entre os Estados soberanos, e passa a cuidar do ser humano e o insere no centro do sistema. Os Direitos Humanos passam a ter uma preocupação internacional, e são eles que irão reconstruir e organizar a vida coletiva entre governantes e governados (LAFER, 2015, p. 5).

Essa mudança importante de paradigma representa, para Celso Lafer (2015, p. 6), a concretização do pensamento kantiano, que possui o ser humano como centro do sistema, que deve ser concebido como fim em si mesmo e não como meio, pois não possui equivalente. Mesmo inserido no contexto da Paz de Westfália, Kant transcende a lógica do momento para defender a ideia do direito à hospitalidade universal, um direito comum a todos os seres humanos à face da Terra.

As duas grandes guerras mundiais e a consolidação das Relações Internacionais do modelo colaborativo para o modelo voltado para o ser humano podem indicar a importância da nacionalidade, que, à primeira vista, é tida como um direito humano, como é possível encontrar previsão em documentos internacionais que surgiram com a positivação dos direitos humanos na ordem global.

A começar pela Declaração Universal dos Direitos Humanos, de 1948, que prevê, no artigo 15, que todo o ser humano tem direito a uma nacionalidade, bem como que *ninguém será arbitrariamente privado de sua nacionalidade, nem do direito de mudar de nacionalidade.*

Há tratados específicos sobre o tema como o Estatuto dos Apátridas, aprovado em 1954, que só entrou em vigor em 1960, visando regularizar e melhorar as condições dos apátridas. Nos termos da Convenção, apátrida é toda

a pessoa que não seja considerada por qualquer Estado, segundo a sua legislação, como seu nacional. Além desta, há a Convenção para Redução dos Casos de Apátridia de 1961, em vigor no plano internacional desde 1975, que prevê que os Estados unam esforços para reduzir a apatridia por meio de regras comuns. O Brasil é signatário das duas Convenções: promulgou o Estatuto dos Apátridas em 2002 e a Convenção para a Redução dos casos de Apatridia em 2015 (ACNUR c, ACNUR a).

A Lei de Migração Brasileira, Lei nº 13.445 de 2017, cuidou do tema e trouxe inovações ao prever a facilitação do processo de reconhecimento da apatridia, simplificando o processo de naturalização. O objetivo do processo de reconhecimento da apatridia é verificar se o indivíduo é nacional por alguma legislação de algum Estado (art. 26, §5º, Lei de Imigração). A partir desse momento, o indivíduo terá a possibilidade de adquirir a nacionalidade brasileira, se assim desejar. Nota-se que uma vez reconhecida a apatridia pelo Brasil, a naturalização não é automática. Ele deve ser consultado, uma vez que nenhuma nacionalidade pode ser imposta.

Caso o indivíduo opte pela não aquisição da nacionalidade brasileira, tal escolha não será um impeditivo para o acesso a direitos atribuídos aos imigrantes pela Lei de Migração, os quais serão tratados em momento oportuno neste livro.

Fica claro que há uma fundamentação histórica do porquê foi preciso, em um determinado momento, consolidar a nacionalidade como um direito e impedir que pessoas fiquem sem esse vínculo com o Estado. Porém, por outro lado, não se pode esquecer que, ao mesmo tempo que nacionalidade é um direito consagrado nos mais importantes documentos de direitos humanos, ela pode ser utilizada pelos Estados Soberanos com o viés segregacionista. Obviamente, é esse viés que se pretende criticar ao longo desta obra. Para tanto, é importante entender, a partir da ótica local, quem são os nacionais e quem são os imigrantes.

Quem são os brasileiros?

Como mencionado, o Estado exerce a soberania no âmbito interno e externo. A definição de quem são os seus nacionais, condições de aquisição e perda da nacionalidade é uma definição que incumbe a cada Estado, mas que, evidentemente, tem impactos no âmbito internacional, sobretudo no contexto de intensificação das migrações. E, para entender quem são os imigrantes, é necessário saber quem são os brasileiros.

A nacionalidade é o vínculo jurídico e político que o indivíduo possui com o Estado. Ser nacional de algum Estado significa estar submetido à autoridade deste Estado e poder gozar da proteção deste, além das fronteiras.

Então, o Brasil, na Constituição de 1988, definiu a forma de aquisição da nacionalidade. A regra geral do artigo 12 inciso I, alíneas *a*, *b* e *c*, da CF/1988 estipula que as pessoas que nascerem no Brasil serão brasileiros(as) natos(as), não importando a nacionalidade dos pais, salvo se estes não estiverem a serviço do seu país de origem. Essa é a regra mais comum de aquisição de nacionalidade, denominada critério *ius soli*, expressão latina que significa direito do solo.

Porém, este não é o único critério adotado pelo Brasil, há hipóteses em que é possível a aquisição da nacionalidade originária mediante o critério do *ius sanguinis*, que indica o direito a nacionalidade sendo transmitido pela hereditariedade. Também será brasileiro(a) o indivíduo que nascer no exterior, estando o seu pai ou mãe brasileiros

à serviço da República Federativa do Brasil. O inciso "c" indica duas possibilidades da pessoa que nascer em outro país ser brasileiro(a) nato(a): seu pai ou sua mãe precisam ser brasileiros e realizar o registro do nascimento em repartição brasileira competente; e também será brasileiro(a) a pessoa que, nascida no exterior, venha residir no Brasil e escolha ser brasileiro(a) após alcançada a maioridade.

Quem pode se tornar brasileiro? As facilidades e dificuldades da naturalização

A Constituição também previu a nacionalidade derivada, isto é, a que é adquirida de forma voluntária, a partir de um processo de naturalização. Há alguns requisitos para a naturalização, sendo este processo mais fácil para os originários de países de língua portuguesa[3], pois basta um ano ininterrupto de residência no Brasil, conforme art. 12, inciso I, alínea *a*.

Para os demais imigrantes, a Constituição prescreve o prazo de residência no Brasil de 15 anos ininterruptos, desde que não possuam condenação penal e requeiram a nacionalidade brasileira, conforme art. 12, inciso I, alínea *a*. Importante mencionar que a Lei nº 12.334/2017, Lei de Migração, também regulou a aquisição da nacionalidade brasileira e trouxe algumas facilidades para o processo, como é o caso da naturalização ordinária e provisória.

De acordo com o artigo 65 da Lei de Migração, o indivíduo que for capaz, possuir residência no Brasil pelo prazo mínimo de quatro anos, comunicar-se em língua

---

[3] Além do Brasil, existem mais nove países ou territórios que possuem a língua portuguesa como oficial, como Angola, Moçambique, Portugal, Guiné-Bissau, Timor-Leste, Guiné Equatorial, Cabo Verde e São Tomé e Príncipe e Macau, sendo que este último não é um país independente, mas faz parte da Região Administrativa Especial da China.

portuguesa e não possuir condenação penal ou estiver reabilitado, poderá requerer a naturalização, denominada pela lei de naturalização ordinária. Ainda, o prazo de quatro anos poderá ser reduzido para um ano no caso de possuir filho(a) brasileiro(a) ou cônjuge ou companheiro(a) brasileiro(a), desde que não estejam separados legalmente ou de fato no momento da naturalização, haver prestado ou poder prestar serviço relevante ao Brasil ou houver recomendação de naturalização brasileira em razão da sua capacidade profissional, científica ou artística, sendo que estas duas últimas hipóteses devem observar forma disposta em regulamento, conforme prevê o parágrafo único do artigo 66 da referida lei.

A naturalização provisória é requerida por representante legal em favor de criança e adolescente que tenha fixado a sua residência no Brasil antes de completar dez anos de idade. A lei denominou este tipo de naturalização provisória, pois, dois anos após atingida a maioridade, o naturalizando pode convertê-la em definitiva.

É importante salientar que a Lei de Migração também dispôs sobre a naturalização extraordinária, que estipula o prazo de 15 anos ininterruptos de residência no Brasil e ausência de condenação criminal, mesmos requisitos do artigo 12, inciso II, alínea *b*, da Constituição Federal de 1988, e também a naturalização especial, concedida ao cônjuge ou companheiro há mais de cinco anos de integrante do serviço exterior brasileiro em atividade ou de pessoa a serviço do Estado brasileiro no exterior. A modalidade especial prevê a hipótese de naturalização daquele que é ou foi empregado em missão diplomática ou em repartição consular do Brasil por mais de 10 (dez) anos ininterruptos.

Assim, nota-se que tanto a naturalização provisória quanto a ordinária, de certa forma, facilitam o processo de

aquisição derivada de nacionalidade brasileira, sobretudo ante o aspecto de redução do prazo, como visto. Porém, algumas críticas podem ser tecidas quanto ao requisito da língua portuguesa.

O governo brasileiro exige uma comprovação de proficiência da língua portuguesa mediante o Certificado de Proficiência em Língua Portuguesa para Estrangeiros (CELPE-BRAS), que é o exame oficial brasileiro, aplicado semestralmente no Brasil e no exterior. Este exame conta com apoio do Ministério da Educação em parceria com o Ministério das Relações Exteriores e é aplicado em postos determinados, tais como instituições de educação superior, representações diplomáticas, missões consulares, centros e institutos culturais, e outras instituições interessadas na promoção e na difusão da língua portuguesa, possuindo uma parte escrita e outra oral (GOV BR a, 2021).

No entanto, a realização do CELPE-BRAS não é a única forma de comprovação do domínio da língua portuguesa. A portaria nº 623 de 2020, a qual *dispõe sobre os procedimentos de naturalização, de igualdade de direitos, de perda da nacionalidade, de reaquisição da nacionalidade e de revogação da decisão de perda da nacionalidade brasileira,* indica que podem ser apresentados certificados de conclusão de cursos de educação superior ou pós-graduação realizados em instituição educacional brasileira credenciada pelo Ministério da Educação (MEC), comprovante de aprovação no Exame da Ordem dos Advogados do Brasil, certificado de conclusão de curso de língua portuguesa realizado por educação superior credenciada pelo MEC, desde que acompanhado de histórico escolar e conteúdo programático (GOV BR b, 2020).

Além dessas hipóteses, a apresentação da conclusão do exame nacional para certificação de competência de jovens e adultos (ENCCEJA), conclusão de ensino fundamental, médio ou supletivo, diploma de medicina revalidado e nomeação para cargo de professor, técnico ou cientista em universidade pública brasileira também estão consagradas na portaria.

Xenofobia, discriminação e preconceito: o medo do outro

A etimologia da palavra raça tem componentes obscuros, seja na língua inglesa, *race*, espanhola, *raza*, ou italiana, *razza*. Isso porque não se sabe ao certo a origem da palavra, tendo uma probabilidade de ela ter se originado do latim, *ratio*, *rationis*, que significa índole, modalidade, espécie (LAFER, 2005, p. 54).
A espécie humana pode ou não ser classificada por raças? Certo é que o uso da palavra raça comumente carrega uma dimensão pejorativa, pois discriminatória, apontando para a prática do racismo (LAFER, 2005, p. 54).
A classificação do ser humano em raças tem origem no século XVIII, período no qual se estabeleceu a classificação das plantas e animais. Assim, a espécie humana *homo sapiens* foi dividida em seis raças, segundo os teóricos da época, que consideraram o critério geográfico determinante para a classificação. As raças da espécie humana eram a europeia, ameríndia, asiática africana, selvagem, além da monstruosa, que incluía indivíduos com problemas físicos (LAFER, 2005, p. 55).
A partir da teoria evolucionista de Darwin, no século XIX, o critério de classificação passou a estar ligado à aparência física, como cor da pele, formato dos cabelos etc. Lafer (2005, p. 56) aponta que Arthur Gobineau foi um

dos grandes teóricos racistas; foi ele o responsável pela distinção entre raça semita e ariana, sendo a raça ariana dotada de superioridade física, moral e cultural. O autor, em seu livro em que trata sobre racismo e direitos humanos, transcreve um comentário de Gorbineau quando este esteve no Brasil, o qual menciona que o brasileiro não possui sangue puro, pois é uma combinação entre brancos, indígenas e negros, e, por essa razão, há uma degeneração da raça pura tanto nas classes altas como nas classes baixas (LAFER, 2005, p. 56 *apud* RAEDERS, 1977, p. 39).

Com a evolução da ciência, pode-se confirmar que não há fundamento biológico para embasar a diferença entre a espécie humana, há tão somente as diferenças visíveis, que não passam de juízos de aparência. Além disso, através da pesquisa científica, constatou-se que, em média, as diferenças genéticas entre duas pessoas brancas são maiores do que entre um(a) branco(a) e um(a) negro(a) (LAFER, 2005, p. 58).

Hoje está claro que há apenas uma raça: a raça humana.

O plano das ciências biológicas, então, reforça o preceito das diversas declarações dos direitos humanos pela igualdade e não discriminação (LAFER, 2005, p. 58).

No entanto, a infeliz visão defendida por Gobineu e outros tantos bem como a visão absurda da superioridade de raças, comprovadamente inexistente no campo biológico, durante muito tempo, foram utilizadas pelas ciências humanas. É o que se evidencia nas justificativas ao nazismo, que objetivou a construção de uma nação em que imperasse uma "raça ariana". Também o racismo foi o responsável pelo reforço da política imperialista do século XX.

Hannah Arendt, em seu livro *Origens do Totalitarismo*, afirma que a plausibilidade de uma ideologia possui ligação com as necessidades que deseja obter com ela. Assim, argumenta que toda ideologia é mantida e aperfeiçoada para ser utilizada como uma arma política. Para ela, o aspecto científico é secundário, pois o poder persuasório fascina também cientistas desinteressados a atraídos pela chance de novas possibilidades de interpretação da vida e do mundo (ARENDT, 1989, p. 189-190).

Arendt, ainda, desmistifica o fato de que o racismo seja uma espécie exagerada de nacionalismo. Do contrário do que se pode induzir, o racismo é um fenômeno anacional e tendente a destruir a estrutura política da nação, pois *"irrompeu através de todas as fronteiras nacionais, definidas por padrões geográficos, linguísticos, tradicionais ou quaisquer outros, e negou a existência político-nacional como tal"* (ARENDT, 1989, p. 191).

Silvio Almeida traz uma importante elucidação para o tema ao diferenciar preconceito racial da discriminação racial do racismo, embora exista correlação entre eles. Racismo é *"uma forma sistemática de discriminação que tem a raça como fundamento, e que se manifesta por meio de práticas conscientes ou inconscientes que culminam em desvantagens ou privilégios para indivíduos, a depender do grupo racial ao qual pertençam"* (ALMEIDA, 2020, p. 32).

O preconceito racial é um juízo de valor que é baseado em estereótipos de indivíduos que pertencem a um determinado grupo e que pode ou não resultar em práticas discriminatórias, quando os negros são considerados violentos e o imigrantes, oportunistas, por exemplo. A discriminação racial é a atribuição de tratamento distintivo a membros de grupos racialmente identificados. Silvio Almeida afirma, com toda razão, que a discriminação, neste caso, tem como base a possibilidade do uso do poder, que é um requisito essencial para atribuição de vantagens ou desvantagens.

Assim, países que proíbem a entrada de negros, muçulmanos ou judeus agem pautados na discriminação direta (ALMEIDA, 2020, p. 32).

Por outro lado, a discriminação indireta não leva em conta as diferenças sociais significativas, situação em que a condição de grupos minoritários é ignorada. Tanto a discriminação direta como a indireta ao longo do tempo levam à estratificação social e impedem a ascensão social dos grupos discriminados (ALMEIDA, 2020. p. 32).

A elaboração de tratados sobre o tema foi um passo importante, porém não suficiente, para impedir novo avanço de qualquer doutrina ou pensamento baseado na discriminação por diferenças raciais.

No âmbito do sistema das Nações Unidas, adotou-se a Convenção Internacional sobre a Eliminação de todas as Formas de Discriminação Racial em 21 de dezembro de 1965. Como precedente histórico da adoção dessa convenção, estão o ingresso de 17 países africanos na ONU em 1960, a Primeira Conferência da Cúpula dos Países não Aliados em 1961, e o ressurgimento de atividades nazifascistas, bem como as preocupações ocidentais com o antissemitismo (PIOVESAN, 2013, p. 167). O artigo 1º desta Convenção define discriminação racial como:

> (...) toda distinção, exclusão, restrição ou preferência baseada em raça, cor, descendência ou origem nacional ou étnica que tenha por objeto ou resultado anular ou restringir o reconhecimento, gozo ou exercício em um mesmo plano (em igualdade de condição) de direitos humanos e liberdades fundamentais nos campos político, econômico, social, cultural ou em qualquer outro campo da vida pública.

Assim, do referido dispositivo, nota-se que discriminação consiste em impedir alguém de exercer seus direitos fundamentais, com base na raça, cor ou origem. Assim, discriminação é sempre uma desigualdade. Existem dois tipos de discriminação: a direta e a indireta. A discriminação direta tem como objetivo impedir o exercício dos direitos, portanto há a intenção de discriminar. Já a discriminação indireta tem como efeito anular esses direitos: *"uma suposta neutralidade vem de forma desproporcional a impactar grupos raciais limitando o exercício de seus direitos"* (PIOVESAN, 2013, p. 268). O fator comum entre ambas é a limitação de direitos com base na discriminação, sendo que a Convenção proíbe os dois tipos quando prescreve *"toda a distinção (...) que tenha por objeto ou resultado"*.

No âmbito da Organização dos Estados Americanos (OEA), a Convenção Americana de Direitos Humanos ou Pacto de San José da Costa Rica, adotada em 1969, em seu artigo 1º, também prevê a obrigação dos Estados em respeitar direitos sem qualquer discriminação por motivo de raça, sexo, idioma, religião, opinião política, origem social, posição econômica, nascimento ou qualquer outra condição social.

Foi apenas em junho de 2013 que a Assembleia da OEA aprovou a Convenção Interamericana contra o Racismo, a Discriminação Racial e as Formas Correlatas de Intolerância e a Convenção Interamericana contra Toda Forma de Discriminação e Intolerância (OAS a, 2021). A promulgação dessa convenção no Brasil ocorreu em fevereiro de 2021, pelo rito de emenda constitucional, previsto no §3º, artigo 5º, o que indica que este tratado tem hierarquia constitucional.

A Convenção Interamericana contra o Racismo atualiza a Convenção sobre o tema da ONU de 1965, e traz algumas especificidades necessárias para o Continente Americano. Além disso, em seu artigo 1º, define discriminação racial, que pode basear-se em raça, cor, ascendência ou origem nacional ou étnica, e discriminação múltipla ou agravada, que é aquela que se baseia em dois critérios, como, por exemplo, cor e ascendência. Por fim, há a definição de racismo, que consiste:

> (...) em qualquer teoria, doutrina, ideologia ou conjunto de ideias que enunciam um vínculo causal entre as características fenotípicas ou genotípicas de indivíduos ou grupos e seus traços intelectuais, culturais e de personalidade, inclusive o falso conceito de superioridade racial. O racismo ocasiona desigualdades raciais e a noção de que as relações discriminatórias entre grupos são moral e cientificamente justificadas.

E, em seguida, explica que:

> Toda teoria, doutrina, ideologia e conjunto de ideias racistas descritas neste Artigo são cientificamente falsas, moralmente censuráveis, socialmente injustas e contrárias aos princípios fundamentais do Direito Internacional e, portanto, perturbam gravemente a paz e a segurança internacional, sendo, dessa maneira, condenadas pelos Estados Partes.

No direito brasileiro, temos o artigo 5º, incisos XLI e XLII, que prescrevem, respectivamente, que: "*A lei punirá qualquer discriminação atentatória dos direitos e liberdades fundamentais; A prática do racismo constitui crime inafiançável e imprescritível, sujeito à pena de reclusão, nos termos da lei"*.

Sobre a legislação interna, nota-se a intenção de reprimir a discriminação mediante previsão de leis punitivas. Acredita-se na sua eficácia. Entretanto, não se pode esquecer que, concomitante a esse tipo de previsão, são necessários esforços no sentido de implementar medidas positivas de inclusão, tais como políticas públicas de ações afirmativas e educação em direitos.

Silvio Almeida indica que foi no século XX que os movimentos sociais assumiram um protagonismo político no campo do direito tanto nos tribunais quanto nas teorias que identificaram que o sistema posto era construído por quem detinha o poder. A partir da década de 1970, com o movimento *Critical Race Theory*, ou Teoria da Crítica Racial, foi identificada a relação entre racismo, direito e poder, uma vez que constataram a condição de negros, latinos e asiáticos como fator determinante na aplicação do direito (ALMEIDA, 2020, p. 149-150).

Tendo em vista a previsão de vasta legislação internacional e nacional que tem como objetivo erradicar a discriminação baseada em raça, cor, descendência, étnica etc., que possa impedir o livre exercício de direitos, questiona-se: a igualdade pode ser garantida apenas através de tratados que proíbem a discriminação, mediante uma legislação repressiva, como é o caso do Brasil, que prevê a criminalização de condutas racistas e discriminatórias?

Não é suficiente proibir a exclusão como forma de se garantir a inclusão e a igualdade. Dessa forma, Flavia Piovesan (2013, p. 269) nos explica que há duas vertentes dos tratados: a vertente proibitiva, que consiste no dever dos Estados em proibir e eliminar a discriminação racial;

e a vertente promocional, em que o dever dos Estados é promover a igualdade.

A partir da discriminação positiva ou ação afirmativa, adotam-se medidas especiais de proteção dos grupos com o objetivo de promover a equiparação com os demais grupos sociais. Podem ser compreendidas pelo prisma de remediar um passado discriminatório e na construção de um presente e futuro em que paire a igualdade de condições, respeito à igualdade e pluralidade (PIOVESAN, 2013, p. 270). Tais medidas encontram previsão nos tratados já vistos: art. 1.5 da Convenção Americana "Medidas especiais ou de Ação Afirmativa", e art. 1º, §4º, da Convenção do sistema ONU.

É interessante, neste ponto, fazer um paralelo com as lições de um dos teóricos da Teoria Crítica do Direito, Franz Neumann, que critica a visão instrumental do Direito, refutando a subordinação do Direito a fins exteriores a ele. Para o filósofo, é preciso haver controle social para que um regime possa ser tido como de direito. Em outras palavras, deve haver uma influência dos diversos grupos e interesses que compõem a sociedade, e não apenas de um pequeno número de pessoas (RODRIGUEZ, 2008, p. 103).

E as ações afirmativas são uma maneira de colocar em prática a influência dos diversos grupos da sociedade, que não mais devem ser dirigidos por um grupo seleto de pessoas. A concretização dessa política pública no Brasil foi alcançada com a Lei nº 12.990/2014, que determinou a reserva, aos negros, de 20% das vagas oferecidas nos concursos públicos para cargos efetivos e empregos públicos na Administração Pública Federal, suas autarquias, fundações públicas, empresas públicas e sociedades de economia mista controladas pela União.

Essa medida é temporária, como inclusive afirmam os tratados sobre a temática, já que a lei estabelece um prazo para vigência, que é de 10 anos a partir da sua publicação, que foi em 9 de junho de 2014. Em 2017, o Supremo Tribunal Federal, no julgamento da Ação Direta de Constitucionalidade 41, entendeu constitucional a lei que prevê cotas em concursos públicos para negros.

Eduardo Bittar (2009, p. 553), ao citar os estudos de Honneth, afirma que o conceito de dignidade extrapola o reconhecimento da igualdade jurídica, sendo essencial que se reconheça a diferença. A enunciação da igualdade de todos não é suficiente para realizar o seu reconhecimento pleno, além de ser suficiente para equilibrar as relações entre os sujeitos, o que, na visão do autor, não passa de um pressuposto liberal equivocado.

O princípio da diferença tem pautado a atuação dos movimentos sociais, responsáveis pela pluralização do debate. A formulação de ações e políticas públicas que levam em conta o princípio da diferença e a lógica da desigualdade como parâmetro para construção de justiça, uma vez que *"igualdade e desigualdade são valores constitutivos de justiça. O que é único não pode ser comparado nem classificado, e, obviamente, entidades únicas tampouco podem ser iguais ou desiguais umas das outras"* (BITTAR, 2009, p. 554).

Nota-se, portanto, que o conceito de universalismo abstrato do jusnaturalismo cede espaço para a visão dos direitos humanos a partir do direito à diferença, como forma de se colocar em prática os direitos humanos (BITTAR, 2009, p. 555).

Porém, em que se baseia o direito à diferença? É a ideia de que todos são diferentes entre si, e reconhecer a singularidade do ser humano é se aproximar do conceito de natureza humana, é o respeito às suas singularidades, assumindo a complexidade da diversidade, sendo possível, por conseguinte, o reconhecimento do índio, do negro, do branco, do brasileiro, do sírio-libanês, da mulher, do deficiente, do homossexual. Todos temos algo em comum, o que nos torna responsáveis pelo respeito à alteridade (BITTAR, 2009, p. 555).

Neste contexto, a xenofobia consiste na rejeição das identidades culturais que são diferentes da própria. É um tipo de discriminação que é baseada em preconceitos históricos, religiosos, culturais e nacionais, que levam o xenófobo a justificar a segregação entre diferentes grupos étnicos com o fim de não perder a própria identidade. Com a globalização e a intensificação da mobilidade humana somada à diferença entre os Estados, as diferenças econômicas passam a ser levadas em conta pela população e o Estado vê nos imigrantes potenciais competidores dos recursos e postos de emprego (LA GARZA, 2011, p. 2).

A busca pela pureza, como afirma Zygmunt Bauman (1998, p. 14), é uma visão da ordem, uma situação na qual se procura alcançar que as coisas fiquem inseridas em seus lugares ditos como corretos. Assim, para o autor, pensar em pureza nos leva à necessidade de pensar em uma imagem de ordem, atribuindo e classificando lugares *justos* e *convenientes*. O oposto da pureza é *o sujo, o imundo, os agentes poluidores*, representados pelas coisas fora do lugar. Não são as características das próprias coisas que as tornam sujas, mas, sim, o local em que elas estão. Mais precisamente, sua *localização na ordem de coisas idealizada pelos que buscam a pureza* (BAUMAN, 1998, p. 14).

O local que classifica as coisas ou pessoas como puras é importante para a compreensão de que o considerado sujo pode ser visto como puro na medida em que é inserido em outro ambiente, e isso também ocorre com o puro se for posto em um lugar que não é devido.

Basta lembrar-se de que um dos objetivos dos regimes totalitários era constituir uma sociedade genuinamente pura, homogênea, a partir da exclusão do diferente, o não harmonioso, do ponto de vista de quem estava no poder. Os *loucos*[4] também já foram tratados como pessoas que se opõem à suposta ordem, sendo também vitimados pelo regime totalitário, ao lado dos deficientes físicos, ciganos e negros. No entanto, não só do regime totalitário foram excluídos. Sobre a história da loucura, por exemplo, Michel Foucault (1972, p. 90) explica que o internamento possuía a função de dar força ao sonho burguês de uma cidade na qual a virtude imperaria. A partir disso, o autor comenta o sentido obscuro da segregação social:

> *(...) se esgota numa obscura finalidade social que permite ao grupo eliminar os elementos que lhe são heterogêneos ou nocivos, há apenas um passo. O internamento seria assim a eliminação espontânea dos "a-sociais"; era clássica teria neutralizado, com segura eficácia tanto mais segura*

---

[4] Para o Hospital Colônia de Barbacena, MG, local em que ocorreram 60.000 mortes, eram enviadas pessoas ditas "indesejáveis". Sobre o tema, ver: ARBEX, Daniela. *Holocausto Brasileiro – Vida, genocídio e 60 mil mortes no maior hospício do Brasil*. São Paulo: Geração Editorial, 2013. Guimarães Rosa possui um conto ("Sorôco, sua mãe, sua filha") sobre o hospício de Barbacena, cujo trecho transcrevo a seguir: "A hora era de muito sol o povo caçava jeito de ficarem debaixo da sombra das árvores de cedro. O carro lembrava um canoão no seco, navio. A gente olhava: nas reluzências do ar, parecia que ele estava torto, que nas pontas se empinava. O borco bojudo do telhadilho dele alumiava em preto. Parecia coisa de invento de muita distância, sem piedade nenhuma, e que a gente não pudesse imaginar direito nem se acostumar de ver, e não sendo de ninguém. Para onde ia, no levar as mulheres, era para um lugar chamado Barbacena, longe. Para o pobre, os lugares são mais longe". (ROSA, João Guimarães. *Primeiras estória*. Rio de Janeiro: Nova Fronteira, 1988).

quanto cega aqueles que, não sem hesitação, nem perigo, distribuímos entre as prisões, casas de correção, hospitais psiquiátricos ou gabinetes de psicanalistas. Foi isso, em suma, o que pretendeu demonstrar, no começo do século, todo um grupo de historiadores.

Nesse sentido, todo o esforço direcionado a eliminar o *impuro* revela a fragilidade da ordem, que nada mais é do que a busca pelo meio regular e estável dos atos. A ordem se revela frágil, pois, em seu conceito, a ideia do imprevisível é afastada. Por ordem, entende-se *"um mundo em que as probabilidades dos acontecimentos não estejam distribuídas ao acaso, mas arrumadas numa hierarquia estrita"* (BAUMAN, 1998, p. 15). A segurança da ordem reside no fato de que os nossos atos darão os resultados esperados e calculados.

Por essa razão, a chegada de uma pessoa *estranha* pode causar um impacto na sociedade dita ordenada, pois tira a previsibilidade e a segurança a que estão habituados os que ali vivem. *"Torna-se essencialmente o homem que deve colocar em questão quase tudo o que parece ser inquestionável para os membros do grupo abordado"* (BAUMAN, 1998, p. 19).

No entanto, como se observa, os conceitos de ordem e *estranho* são relativos, variam de acordo com quem exerce o poder, com o tempo, com as condições políticas e econômicas, sendo a rápida variação uma característica da modernidade. Disso decorre que a busca pela ordem também é variável e necessita encontrar novos desenhos que delimitam o que é normal e anormal, o que pode e o que não pode fazer parte da sociedade dita ordenada.

Mesmo com a rápida velocidade com que os padrões são alterados nos mundo pós-moderno, em que os conceitos são modificados com certa frequência, Bauman (1998, p. 23) defende que há um severo teste de pureza que necessita ser ultrapassado por aquele que deseja fazer parte da sociedade. Essa barreira difícil de ser transposta é o mercado consumidor. E, em verdade, o que se observa é que, ao mesmo tempo em que há essa exigência por parte da sociedade pós-moderna, a desigualdade social no mundo cresce com a concentração de riquezas e do acesso a serviços por poucos. Em outras palavras, exige-se a participação ativa de um mercado de consumo, sem que existam condições reais para que todos possam participar. Na realidade, a maioria é excluída.

Por outro lado, quem não consegue acesso ao mercado consumidor é visto como a "sujeira da pureza pós-moderna", pois, como dito, o critério da pureza atual é a possibilidade de participar do jogo consumista. Quem não se enquadra nesse padrão são considerados consumidores falhos. São pessoas que não são livres, de acordo com o conceito de liberdade definido sob o aspecto consumerista. Estão fora do lugar (BAUMAN, 1998, p. 23-24) dito ordenado e, seguindo a terrível lógica exposta acima, devem ser eliminados dando espaço à suposta pureza para que a ordem impere no sistema.

Uma das características da pós-modernidade é que essa separação do *refugo* do consumismo é feita pela iniciativa privada, em espaços privados onde os consumidores livres desfrutam de suas liberdades e impedem o acesso aos consumidores falhos através de aparatos de segurança e vigilância. Do ponto de vista do Estado, a preservação da vida consumista aparece desde a desregulamentação até a privatização dos recursos originariamente públicos (BAUMAN, 1998, p. 24).

Porém, a consequência que se objetiva destacar no presente trabalho é o recrudescimento da *lei e da ordem*, como uma forma de manutenção da *pureza* e fomentada pelo discurso público. Seguindo uma lógica neoliberal de mercado terrível e desumana, aqueles que são considerados consumidores falhos precisam, ao mesmo tempo, do apoio (financeiro, sobretudo) do poder público e, indiretamente, do dinheiro dos contribuintes.

Ora, a exclusão destes, sob esta ótica, é economicamente mais vantajosa do que conceder-lhe oportunidades para se tornarem supostos consumidores livres. Portanto, a conclusão, para aqueles que pensam de acordo com a lógica do segregacionismo, é que a exclusão é a melhor forma de racionalizar o refugo daqueles que não se adequaram à competição de mercado. Conclui o Bauman (1998, p. 25-26):

> *Que a ordem inteira tente a incriminar a resistência a ela própria e a pôr fora da lei seus supostos ou genuínos inimigos é evidente (...) a busca pela pureza pós-moderna expressa-se diariamente com a ação punitiva contra os moradores das ruas pobres e das áreas urbanas proibidas, os vagabundos e indolentes. (...) a "impureza" no centro da ação punitiva é a extremidade da forma incentivada como pura.*

Há pesquisas que demonstram que tal lógica se mostra equivocada. Por exemplo, Carlos Etulain (2017) demonstra que, nas primeiras décadas do século XXI na América Latina, devido ao incentivo às políticas públicas de melhoria do salário-mínimo e transferência de renda, houve a diminuição da desigualdade social. E como resultado do maior contingente populacional com possibilidade de participação do mercado, tem-se o alcance do desenvolvimento social, que está atrelado à necessidade de políticas públicas que gerem maior coesão social[5].

Saskia Sassen também enxerga a tendência à exclusão do sistema de forma similar ao afirmar que o encarceramento em massa é uma forma de expulsão dos indivíduos considerados supérfluos ao modelo capitalista. A socióloga indica que o rápido aumento do encarceramento no contexto do Norte Global, que é o foco de sua pesquisa, demonstra um mecanismo de expulsão dos excedentes da população. A maior parte das pessoas que são encarceradas não tem um trabalho nem poderá encontrá-lo, o que indica diferença da característica do sistema atual com o de vinte anos atrás, em que eram dadas chances ao detento de se reinserir na sociedade.

A falta de chances de reinserção demonstra que a lógica é mesmo a da exclusão, sem a possibilidade de retorno social. Para Sassen (2016, p. 74):

> *De uma perspectiva mundial, podemos ver ressonâncias sistêmicas entre os encarcerados em massa, os refugiados armazenados e os deslocados à força. Os três indicam a presença de grandes dinâmicas básicas de expulsão que aparecem através das espessas realidades de diferentes localidades e lugares sistêmicos. Essas realidades espessas "a nível do chão", junto com os campos especializados e muito diferentes de investigação*

---

[5] Por não se tratar do escopo do presente trabalho, optou-se por não desenvolver com profundidade esta temática. Para mais informações, ver: ETULAIN, Carlos Raul. América Latina e políticas públicas. Observações acerca das políticas sociais de um grupo de países selecionados (1990 a 2010). *International Forum "Russia and Iberoamerica in the globalizing world: History and contemporaneity"*, São Petersburgo, Rússia, 2017.

para cada um desses temas, afastam-nos de conceituações que poderiam indicar paralelismos sistêmicos. Em minha interpretação, trata-se mesmo de diferentes formas localizadas de tendências conceitualmente subterrâneas mais profundas, que atravessam as diferenciações estabelecidas.

Michel Foucault, ao traçar a genealogia do modelo punitivo em seu livro *Vigiar e Punir*, lembra que as prisões surgem em um suposto contexto de reforma da punição do século XVIII, em que se constatou a necessidade de eliminação da confrontação física entre soberano e condenado, pautada pela vingança do soberano através do suplício do corpo do condenado. Além disso, a alteração das características dos crimes que passaram a focar mais no patrimônio com o aumento das riquezas e mudança na dinâmica econômica da época. Assim, de acordo com Foucault (2013, p. 71-75), essas mudanças fazem parte de um complexo mecanismo de modificação das práticas punitivas.

No entanto, a prisão não foi concebida originalmente como forma de punir indivíduos: seu surgimento é preexistente à utilização das leis penais. Foi pensada como uma fórmula de adestramento do indivíduo e racionalização do trabalho. Nas palavras de Foucault (2013, p. 217):

> *ela se constituiu fora do aparelho judiciário, quando se elaboraram por todo o corpo social, os processos para repartir os indivíduos, fixá-los e distribuí-los espacialmente, classificá-los, tirar deles o máximo de tempo e o máximo de forças, treinar seus corpos, codificar seu comportamento contínuo, mantê-los numa visibilidade sem lacuna,*

formar em torno deles um aparelho completo de observação, registro e notações, constituir sobre eles um saber que se acumula e se centraliza.

A partir do momento em que a punição se dá mediante a detenção, há o surgimento de uma pena supostamente "humanizada" que fazia sentido no bojo de uma "sociedade civilizada", se comparada com o suplício, na visão dos reformistas do século XVIII. Porém, com ela surge a dominação de um tipo de poder disciplinar, de um aparato judicial que se diz igualitário. A igualdade também é utilizada para fundamentar a perda da liberdade em decorrência do encarceramento, medida que se apresenta justa tendo em vista que todos, igualmente, são dotados de liberdade. Sendo, portanto, um castigo igualitário, se comparado com a pena de multa, por exemplo, pois nem todos possuem a mesma condição econômica (FOUCAULT, 2013, p. 218).

Outro fundamento da prisão encontra-se ancorado na possibilidade de transformar indivíduos. A prisão reproduz mecanismos do corpo social, como o quartel, a escola ou as instituições totais[6]. Assim, carrega aspectos que fizeram com que a prisão parecesse uma forma muito interessante e humana, seja do ponto de vista jurídico econômico seja do lado técnico disciplinar. *"Em suma, o encarceramento*

---

[6] Instituição total é um conceito criado por Goffman e trabalhado por Foucault que diz respeito a estabelecimentos que delimitam seu território por muros e impõem obrigações aos indivíduos que lá estão, exigindo deles submissão pessoal. Uma das consequências é a padronização da individualidade da pessoa que passa a carregar traços das instituições totais e não autênticos de si. Para mais informações sobre Goffman e instituições totais ver: BENELLI, SJ. Goffman e as instituições totais em análise. In: A lógica da internação: instituições totais e disciplinares (des)educativas [online]. São Paulo: Editora UNESP, 2014, p. 23-62. Disponível em: http://books.scielo.org/id/74z7q/pdf/benelli-9788568334447-03.pdf. Acesso em: 06/04/2021.

penal, desde o século XIX, recobriu ao mesmo tempo a privação de liberdade e a transformação técnica dos indivíduos" (FOUCAULT, 2013, p. 218).

Saskia Sassen (2016, p.75) explica que hoje a lógica do encarceramento mudou, pois atingiu novas ordens de importância na sociedade e diversificou seus espaços institucionais. A novidade é a inclusão de prisões privadas, com fins lucrativos. Assim, afirma que existem três tendências atuais. A primeira tendência é o aumento do número de pessoas encarceradas. Cita o exemplo dos Estados Unidos, país que teve sua população carcerária aumentada em 600% nas últimas quatro décadas; a população presa no país corresponde a 25% das pessoas encarceradas no mundo, números que colocam os EUA como detentor da maior população encarcerada mundial. A segunda, é o número de pessoas que estão sob supervisão do Estado de alguma forma. Os Estados Unidos também lideram esse número, com 5 milhões de pessoas. Por fim, a terceira tendência é a privatização das prisões e dos serviços prisionais (SASSEN, 2016, p. 75).

De tudo o que foi abordado neste primeiro capítulo, é importante frisar que o nacionalismo, embora crie estratégias de pertencimento, gera exclusões. E, como todos os sistemas de exclusões, a base é o uso equivocado do poder. Existe, neste sentido, relação estreita entre nacionalismo e racismo, sendo o racismo parte integrante da própria formação dos Estados e do uso da força contra grupos vulneráveis e indesejados (ALMEIDA, 2017, p. 13).

CAPÍTULO 2 – DE ESTRANGEIRO A IMIGRANTE

Refugiados e imigrantes: entre distinções e semelhanças, a busca pelo direito de migrar

Há uma distinção, ao menos no campo jurídico, entre migração voluntária e migração forçada. Essa distinção surgiu no contexto do final da Segunda Guerra Mundial, que, como visto, foi um período na história em que houve um aumento de pessoas sem nacionalidade, os apátridas, os quais não podiam contar com a proteção jurídica dos Estados.

A migração forçada é representada pelo instituto do refúgio, que se baseia no temor de perseguição em razão de raça, religião, nacionalidade, opinião política ou pertencimento a um grupo social. Para a América Latina, as situações de grave e generalizada violação de direitos humanos também abrangem a definição.

Além do refúgio, os deslocados internamente por questões de conflitos armados, desastres ambientais ou graves violações de direitos humanos também se enquadram nas migrações forçadas. Com a diferença de que, como o deslocamento ocorre no âmbito dos Estados, estas pessoas contam, além da proteção do direito internacional, com a proteção do direito interno.

Outro grupo que se enquadra no conceito de migrações forçadas são os refugiados ambientais ou deslocados ambientais. A motivação do deslocamento destas pessoas ocorre em razão dos desastres ambientais, sobretudo as mudanças climáticas. Por vezes, esse grupo se desloca internamente ao país, porém, é comum a necessidade de se atravessar as fronteiras.

A ausência de efetivação dos direitos econômicos, sociais ou culturais pode servir como motivação para o deslocamento de pessoas, de modo que este tipo de migração, por vezes, é definido como forçada. Os indivíduos que enfrentam grave violação de direitos humanos em seu país, ocasionada por um contexto de tensão política interna ou conflito armado interno, por exemplo, apesar de não se enquadrarem na classificação usual de refugiado, migrante ou deslocado, necessitam deixar seu local de origem (JUBILUT, APOLINÁRIO, 2010).

Por outro lado, as migrações voluntárias abrangem os casos em que a escolha de migrar é tomada livremente pelo indivíduo, por razões de conveniência pessoal, sem a intervenção de um fator externo. É o caso, por exemplo, de pessoas que mudam de país em busca de melhores condições de vida (JUBILUT, APOLINÁRIO, 2010). É comum encontrar na literatura a afirmação de que as migrações voluntárias são um gênero, enquanto as forçadas possuem espécies, como o refúgio (SILVA, 2011, p. 206).

Não há tratado de direito internacional que traga uma definição de imigrante. A única referência no campo do direito positivo que existe até o momento é a da Convenção Internacional sobre a Proteção dos Direitos de Todos os Trabalhadores Migrantes e dos Membros das Suas Famílias, adotada pela Resolução 45/158 da Assembleia Geral da ONU, em 18 de dezembro de 1990, que dispõe sobre o conceito de trabalhador migrante como sendo *"pessoa que vai exercer, exerce ou exerceu uma actividade remunerada num Estado de que não é nacional"*.

A categoria dos trabalhadores imigrantes representa grande parte dos fluxos migratórios internacionais (OIM, 2021). Abdelmalek Sayad (1998, p. 47), ao explorar o conceito de imigrante, apresenta a ideia de que, enquanto a imigração se mostrar útil à expansão econômica na medida em que a mão de obra imigrante é necessária, os campos políticos e sociais irão sustentar que os imigrantes são necessários ou até mesmo indispensáveis para a economia .

No entanto, basta que a situação econômica se altere para que a visão sobre as vantagens da imigração se altere também. Segundo o autor, discutir as vantagens e desvantagens da migração sob o ponto de vista econômico é uma forma de reduzir o fenômeno da migração e do migrante a pessoas que devem unicamente ser reconhecidas como trabalhadores a título provisório. Isto é uma forma de impor definições de acordo com as necessidades do momento, sem analisar o fenômeno por inteiro e as complexidades que envolvem o tema (SAYAD, 1998, p. 50-54).

A partir desta visão, o autor conclui que, para a lógica do sistema capitalista, o imigrante é essencialmente uma força de trabalho, porém provisória, temporária e em trânsito. O imigrante só tem autorização para se estabelecer em um país na medida em que sua estadia está sujeita ao trabalho, "única razão de ser que lhe é reconhecida: ser como imigrante, primeiro, mas também como homem – sua qualidade de homem estando subordinada a sua condição de imigrante" (SAYAD, 1998, p. 55).

O trabalho que é a condição da existência do migrante não é qualquer trabalho, "*ele é o trabalho que o mercado de trabalho para imigrantes lhe atribui*". E, por ser esse trabalho a justificativa da tolerância do imigrante, ao desaparecer os postos de trabalho destinados aos imigrantes, o imigrante também deve desaparecer (SAYAD, 1998, p. 55).

O fato de a única definição do migrante em instrumentos de direito internacional ser oferecida por um tratado específico sobre trabalhadores revela, no campo jurídico, a redução do fenômeno da migração que denuncia Sayad. Compreender o migrante apenas sob a ótica do trabalhador limita a qualidade de imigrante, a concessão de direitos e garantias a ele, além da tendência de condicionar o seu direito de ingresso a economia sadia e a oferta de empregos (desde que esses empregos sirvam para imigrantes), o que se distancia, e muito, da realidade atual dos movimentos migratórios, que são movidos pelos mais diversos impulsos, como se verá nos conceitos seguintes. Na falta de instrumentos jurídicos de direito internacional que reconheçam todas as peculiaridades do migrante, merece destaque a seguinte definição da Organização Internacional para as Migrações (OIM a, 2021):

> *qualquer pessoa que se desloque ou tenha atravessado uma fronteira internacional ou dentro de um Estado fora do seu local habitual de residência, independentemente de (1) o status legal da pessoa; (2) se o deslocamento é voluntário ou involuntário; (3) quais são as causas do deslocamento; ou (4) qual a duração da permanência*[7].

Tal definição mostra-se compatível com a realidade atual porque não há condicionantes sobre a situação migratória do indivíduo. Além disso, reconhece que o deslocamento pode ser voluntário ou involuntário, no entanto, não leva em conta esses fatores para a definição, nem as causas do deslocamento e o tempo de sua duração.

Uma vez que os imigrantes apenas são reconhecidos como trabalhadores para postos específicos, quando a força de trabalho do migrante passa a não ter mais valor na sociedade, lhes é negado o direito de presença permanente. E essa é a contradição da migração, fruto da impossibilidade de se colocar em sintonia o direito e o fato: *"não se sabe se é um estado provisório que se gosta*

---

[7] Tradução livre da autora. A versão original em inglês é a seguinte: *"any person who is moving or has moved across an international border or within a State away from his/her habitual place of residence, regardless of (1) the person's legal status; (2) whether the movement is voluntary or involuntary; (3) what the causes for the movement are; or (4) what the length of the stay is".*

de prolongar indefinidamente, ou, ao contrário, se se trata de um estado mais duradouro mas que se gosta de viver com um intenso sentimento de provisoriedade" (SAYAD, 1998, p. 45-46).

A necessária proteção dos mais vulneráveis: a migração forçada

O refúgio é um instituto de Direito Internacional e possui previsão expressa em tratado internacional. A previsão jurídica do instituto em um tratado de direito internacional garante a sua aplicação, uma vez que a concessão do status de refugiado a um indivíduo, presentes as hipóteses normativas, é uma obrigação do Estado quando se vinculou ao instrumento específico. Portanto, a concessão de refúgio não é ato discricionário nem está submetida aos critérios internos de cada Estado (JUBILUT, 2007, p. 42).

O refúgio é regulado no sistema global pela Convenção de 1951 e seu Protocolo de 1967, que reconhecem o status de refugiado a quem sofra perseguição em seu Estado de origem e/ou residência habitual, por causa de raça, nacionalidade, religião, opinião política ou pertencimento a determinado grupo social.

Nota-se que os motivos que ensejam o reconhecimento do status de refugiado previsto na Convenção são essencialmente decorrentes de Direitos Civis e Políticos. Talvez seja porque, em 1951, ano de elaboração da Convenção, o mundo era palco da Guerra Fria, período marcado pelas disputas estratégicas entre os blocos socialista e capitalista. A bipolaridade vivenciada na época exerceu influência na positivação dos Direitos Humanos e na elaboração do conceito de refugiado (RAMOS, 2011, *apud* HATHAWAY, 1991, p. 7-8)

A consequência lógica é que as vítimas de direitos civis e políticos encontram proteção no estatuto do refugiado, mas as vítimas de violação de direitos sociais, como direito a saúde, moradia, educação e alimentação, não.

No âmbito dos sistemas regionais, os refugiados contam com a proteção da Convenção da Organização de União Africana (OUA), de 1969, tendo sido adotada no contexto de conflitos no fim da era colonial na África. O ponto de destaque desta convenção é que ela constitui o único tratado regional sobre refugiados legalmente vinculante, e para a configuração do conceito de refugiado não é necessário o temor de perseguição (JUBILUT, APOLINÁRIO, 2010).

Na América Latina, há a Declaração de Cartagena, de 1984, instrumento regional desprovido de eficácia vinculante. A novidade trazida por esta Declaração está em estender o conceito de refugiado às pessoas que estejam submetidas a grave e generalizada violação de direitos humanos no seu país de origem.

Além da importância da definição do instituto, pois esta é uma forma de se evitar a discricionariedade do Estado contratante em aceitar ou não o solicitante de refúgio, o regime jurídico internacional base também prevê o princípio do *non-refoulment* ou proibição do rechaço. Tal princípio consiste na proibição de devolver o solicitante de refúgio ou refugiado com status já assegurado a um país em que ele corra risco de perseguição, conforme dispõe a Convenção de 1951, em seu art. 33 (1).

Para além do refúgio, sabe-se que a migração em virtude de mudanças climáticas é um fato evidente. Todavia, não há previsão normativa no direito internacional que forneça proteção específica para os que são vítimas da degradação ambiental e necessitam deixar seu local original. A ausência de uma terminologia unívoca, pela doutrina e pelas instituições, sobre aqueles que se deslocam por motivos ambientais, prejudica a compreensão do fenômeno que possui uma complexidade inerente, uma vez que tal silêncio dificulta a implementação de um sistema internacional protetivo bem como a elaboração de políticas públicas em favor desses indivíduos (CONTIPELLI, MENEZES, 2018, p. 538-539).

De fato, nota-se a pluralidade da terminologia para caracterizar o fenômeno: deslocados ambientais, refugiados climáticos, eco-migrantes, eco-vítimas, refugiados ambientais, entre outros. Especificamente sobre o termo *refugiado ambiental*, que é frequentemente utilizado, alguns afirmam que, do ponto de vista do direito internacional, esta terminologia não está correta, pois a definição de refugiado positivada em tratado não inclui tal categoria. E diferentemente das vítimas que sofrem de perseguição, as pessoas que se deslocam em razão de acidentes ambientais, em geral, contam com a proteção do Estado (JUBILUT, APOLINÁRIO, 2010).

Diante das mudanças sociais e econômicas que se fazem presentes na realidade contemporânea, é necessária maior abertura por parte da ordem política internacional. Essa abertura pode se dar, por exemplo, a partir da atualização das categorias estaticamente sedimentadas em instrumentos tradicionais (CONTIPELLI, MENEZES, 2018, p. 539). É preciso, portanto, a adoção de critérios mais adequados por parte dos sistemas de proteção e pelos Estados, ao exemplo da Declaração de Cartagena, que prevê uma cláusula aberta para a proteção dos refugiados.

O deslocamento causado por mudanças ambientais pode ser provocado por situações causadas pelo ser humano ou acidentes ambientais sem nenhuma influência, ao menos direta, do indivíduo. Pode-se distinguir, então, os desastres naturais dos desastres ambientais. Desastres naturais seriam os causados em decorrência de vulcões, relâmpagos, terremotos etc. Já os desastres ambientais são os causados pelo erro humano ou negligência, que seriam, por exemplo, desastres nucleares, acidentes internacionais de poluição, vazamento de óleo etc.

Esta última categoria, segundo importante literatura, poderia ser abarcada pela proteção da Declaração de Cartagena, que, como afirmado, prevê uma cláusula aberta de proteção (TRINDADE, 1993, p. 124-132). É o caso da imigração haitiana para o Brasil que se intensificou em 2010 em decorrência de um forte terremoto no país.

Referida aproximação poderia se dar a partir de uma elaboração específica de um sistema que preveja expressamente a definição de refugiado ambiental, para que, assim, esse termo possa ser juridicamente existente no âmbito do direito internacional e, o mais importante, para que esses grupos em situação de vulnerabilidade encontrem a proteção devida.

Os Direitos econômicos, sociais e culturais são direitos de segunda geração que, na classificação doutrinária clássica, demandam uma prestação positiva do Estado para sua satisfação. Durante muito tempo, sustentou-se que tais direitos, como dependem de um agir do Estado, eram considerados programáticos e sua concretização se daria ao longo do tempo. Assim, normalmente, quando se fala em violação de direitos econômicos, sociais e culturais, há uma conduta omissiva por parte do Estado na medida em que não atua no sentido de garantir tais direitos para a população.

Por outro lado, o Direito Internacional considera a existência do pressuposto de fundado temor de perseguição como requisito de concessão do status de refugiado. Em um primeiro momento, há dificuldade na caracterização do elemento de perseguição quando há uma violação de direitos econômicos, sociais e culturais, uma vez que tais direitos são violados em decorrência do não agir por parte do Estado. É possível, então, defender a solicitação de refúgio de pessoas com base na ausência de efetivação de direitos econômicos, sociais e culturais?

Em razão de suas opiniões políticas, religião, etnia e pertencimento a grupo social, o indivíduo é privado do acesso a serviços de saúde, educação, trabalho; ele pode se valer do instituto do refúgio, pois há uma perseguição do Estado contra o indivíduo (JUBILUT, APOLINÁRIO, 2010). No entanto, há situações em que há uma falha estrutural do Estado em prover tais direitos para a população. Nesse caso, porém, não há a presença do elemento perseguição, o que torna difícil a configuração do refúgio. Todavia, isso não significa que a pessoa não tenha direito de se deslocar para além das fronteiras do Estado, será apenas mais difícil a concessão do status de refugiado ao indivíduo ou grupo de pessoas.

Em outras situações em que se verifica a ausência do funcionamento das instituições democráticas e o Estado não consegue gerir a coisa pública, como consequência, a vida das pessoas no país fica insustentável, dada a ausência de serviços públicos como educação e saúde. É o caso, por exemplo, da Venezuela, que, desde 2013, sofre com a crise econômica, mas que, a partir de 2017, tomou proporções graves, afetando a população local. Em razão da crise, o país enfrenta altos índices de inflação, escassez de alimentos, caos na saúde pública, aumento da violência por parte do Estado, ou seja, fatos que obrigam a migração em massa dos venezuelanos.

Em casos como estes, é possível a aplicação da Convenção Africana de 1969 e da Declaração de Cartagena de 1984, que preveem situações como violação maciça dos direitos humanos ou outras circunstâncias que tenham perturbado gravemente a ordem pública.

O problema que se destaca aqui é que tais convenções são regionais, com âmbito de aplicação no Continente Africano e na América Latina respectivamente, não sendo aplicadas ao Norte Global, sobretudo o continente europeu, principal destino dos migrantes africanos, e os Estados Unidos, no caso dos latinos.

O instituto do refúgio é o que possui proteção específica positivada no âmbito do Direito Internacional com a maior gama de tratados internacionais, seja no âmbito do sistema ONU, com a Convenção de 1951 e o Protocolo de 1967, seja no âmbito dos sistemas regionais, com destaque para a Convenção de Cartagena de 1984 e a União Africana de 1969. Talvez seja em razão de que os refugiados, como espécie do gênero migrante, são os mais vulneráveis em comparação aos demais grupos.

André de Carvalho Ramos (2014, p. 62-63) aponta, inclusive, que o Direito Internacional dos Refugiados seria um sub-ramo específico do Direito Internacional Público, ao lado do Direito Internacional dos Direitos Humanos e do Direito Internacional Humanitário, mas que todos os três sub-ramos possuem a proteção do ser humano como ponto em comum.

Os grupos de pessoas que não se enquadram como refugiados na leitura estrita dos tratados se valem da proteção complementar de outros tratados. Em que pese a ausência de normativa específica, o sistema de direitos humanos é complementar. O migrante e o refugiado ambiental não possuem suas definições expressas em tratados. Apesar da complementaridade do sistema, a ausência de proteção direcionada somada à necessidade de migrar faz com que estes grupos recorram à proteção conferida ao refúgio, mesmo não se enquadrando exatamente no conceito de refugiado (SILVA, 2011, p. 211).

Assim, mais uma pergunta pode ser feita: a distinção em diversas categorias e a presença de proteção específica é mais benéfica ao indivíduo? Há dois pontos de vista distintos sobre a pergunta.

Por um lado, defende-se que a separação em categorias é relevante, uma vez que difere a natureza e a função da proteção conferida a pessoas que podem contar com a proteção interna dos Estados e as que não podem. É o caso do migrante trabalhador, que tem resguardada a proteção interna, e do refugiado, que, em regra, apenas tem garantida a proteção de direito internacional (JUBILUT, APOLINÁRIO, 2010).

No entanto, a distinção deveria partir da ótica das migrações em geral e não dos migrantes, pois fato é que, sejam migrantes forçados, sejam migrantes voluntários, todos são migrantes e a distinção em categorias pode ser favorável para discriminação ou categorização de indivíduos que possuem a *mesma qualidade de dignidade inerente* (JUBILUT, APOLINÁRIO, 2010).

Por outro lado, o pedido de reconhecimento do status de refugiado por pessoas que não se enquadram nessa situação traz como consequência um discurso contrário à concessão do refúgio em vez de chamar a atenção para as necessidades existentes destes grupos (SILVA, 2011, p. 202).

No ordenamento jurídico brasileiro, um importante exemplo de uniformização dos direitos é a Lei de Migração (NLM), Lei nº 13.445/2017, a qual dispõe sobre os direitos e deveres do migrante, estabelecendo a sua entrada e estadia no país, bem como prevê princípios e diretrizes de políticas públicas para o emigrante[8]. Portanto, a lei trata do gênero migrante, bem como de suas espécies. Além disso, não só garante direitos à pessoa que ingressa no Brasil, mas também o brasileiro que se estabelece no exterior.

Além de garantir uma uniformização da proteção, a Lei de Migração traz uma mudança de paradigma ao deixar de enxergar o migrante como *estrangeiro* que tem o potencial de colocar em risco a soberania nacional. Visão estreita que era compatível com o regime jurídico anterior à Lei nº 13.445/2017, o Estatuto do Estrangeiro, Lei nº 6.815/1980, revogado pelo diploma atual, que tinha como diretriz a defesa da segurança nacional em face do estrangeiro, que vinha para perturbar a ordem.

A partir da previsão da acolhida humanitária, tenta-se dar uma resposta jurídica para as categorias de imigrantes que não possuem uma definição certeira pelos instrumentos internacionais. Por este instituto, o Brasil pode conceder o visto de entrada aos imigrantes que estejam em situação de grave e generalizada violação de direitos humanos, como foi o caso do visto humanitário concedido pelo governo brasileiro aos haitianos em virtude do terremoto em 2010. O visto humanitário, portanto, é uma opção efetiva aos grupos que claramente necessitam de uma resposta e uma atuação, como é o caso dos refugiados ambientais.

A Lei de Migração entrou em vigor no ordenamento jurídico brasileiro no contexto de mobilização internacional para a efetivação de um Pacto Global para Migração, por meio das Nações Unidas, primeiro pacto deste tipo de caráter não vinculante.

---

[8] Artigo 1º da Lei nº 13.445/2017.

O Pacto tem como norte o reconhecimento dos benefícios da migração, tanto para os países que recebem migrantes como para os países de origem, o que faz com que se eliminem os preconceitos, como, por exemplo, de que a imigração poderá agravar a crise econômica ou a escassez de empregos. Também prevê a importância de os Estados fortalecerem sua legislação interna para oferecer maior proteção ao migrante, uma vez que a imposição de barreiras resulta na escolha por métodos irregulares, o que aumenta a vulnerabilidade dos migrantes. Por fim, em terceiro lugar, estipula a necessidade de uma maior cooperação internacional na temática.

O Sistema Internacional de Proteção do migrante

Ao discorrer sobre a importância da criação das Nações Unidas no pós-Segunda Guerra Mundial, Fábio Konder Comparato faz a distinção entre a ONU e a Sociedade das Nações. Para o autor, a Sociedade das Nações consistia em um *clube de Estados*, os quais tinham liberdade de ingresso e retirada da organização conforme fosse conveniente a eles. Por essa razão, entende-se que a palavra *clube* passa a ideia de acesso restrito, de que só alguns Estados poderiam fazer parte. Por outro lado, a ONU nasceu com o intuito de tornar uma organização em que todos os Estados, desde que empenhados na defesa da dignidade humana, deveriam participar (COMPARATO, 2013, p. 226).

As ideias iniciais da criação da ONU se pautavam no objetivo comum dos Estados de respeito pelo direito dos povos em escolher a forma de governo, promoção de igual acesso ao comércio mundial e na colaboração para a melhoria dos padrões de trabalho, progresso econômico e previdência social. Ainda, comprometeram-se a estabelecer a paz para que todas as nações pudessem viver com segurança, livres do medo e da miséria.

Tais ideais foram responsáveis pelo primeiro impulso na criação da organização e encontram-se na Carta ao Atlântico assinada pelo presidente Roosevelt e o Primeiro--Ministro britânico Winston Churchill em 14 de agosto de 1941, que foi incorporada à Declaração das Nações Unidas em 1º de janeiro de 1942. Assim, ao final da Conferência de São Francisco, em 1945, 50 Estados assinaram a Carta das Nações Unidas, documento que estabeleceu juridicamente as Nações Unidas (ONU BR a). O Brasil passou a ser membro da Organização com a incorporação da Carta em seu ordenamento, que ocorreu em outubro de 1945, pelo Decreto nº 19.841, durante o governo de Getúlio Vargas.

Dentre os propósitos da ONU, previstos no artigo 1º da Carta, estão a manutenção da paz e da segurança internacionais (art. 1.1), desenvolver relações amistosas entre as "nações baseadas no respeito ao princípio de igualdade de direito e de autodeterminação dos povos" (art. 1.2), cooperação internacional para resolução de problemas internacionais de caráter econômico, social, cultural ou humanitário (art. 1.3), e ser um centro destinado a harmonizar a ação das nações para consecução desses objetivos comuns (art. 1.4).

Inicialmente os direitos humanos foram concebidos como sendo apenas liberdades individuais apesar de o preâmbulo da carta mencionar a elaboração de mecanismos internacionais para a promoção do progresso econômico e social dos povos. A partir disso, criou-se o Conselho Econômico Social, que, por meio de duas resoluções, aprovou o estatuto da Comissão de Direitos Humanos, a qual existiu até 2006, quando foi substituída pelo Conselho de Direitos Humanos (COMPARATO, 2013, p. 229), órgão com competência consultiva junto à Assembleia Geral da ONU.

Uma das principais críticas que se faz à atuação das Nações Unidas é a impossibilidade de a organização colocar em prática algumas atribuições previstas na Carta, como é o caso da regulamentação de armamentos, prevista no art. 26. Por todos, Comparato (2013, p. 230) afirma que a impossibilidade de concretização desta missão ocorre em razão do choque de interesses com as grandes potências econômicas, bem como da estrutura oligárquica do Conselho de Segurança, onde os membros permanentes, que são Estados Unidos, Rússia, França, Reino Unido e China, têm o poder de veto.

Também em 1945, foi criada a Corte Internacional de Justiça (CIJ) com o intuito de assegurar a solução de conflitos entre os Estados, que junto com a Assembleia Geral, o Conselho de Segurança, o Conselho Econômico e Social e o Secretariado e o Conselho de Tutela, são os principais órgãos da ONU.

Os Estados que não fazem parte da ONU podem postular perante a CIJ, desde que cumpridas as exigências da Assembleia Geral. Frise-se que tais exigências não poderão colocar o Estado requerente em posição de desigualdade perante os outros Estados membros. A Corte possui competência contenciosa, isto é, para processar violações de direitos humanos, e consultiva, que nada mais é do que realizar consultas sobre temas de direitos humanos e direito internacional (ACCIOLY, 2019, p. 443-449). A promulgação da Carta da ONU pelo Decreto 19.841 de 1945 possui como anexo o Estatuto da CIJ, de modo que, nesta oportunidade, o Brasil também reconheceu a competência deste órgão.

Declaração Universal dos Direitos Humanos

Com a criação da ONU a Comissão de Direitos Humanos foi incumbida de elaborar um documento que garantisse o respeito aos direitos humanos. Desta maneira, a Declaração Universal dos Direitos Humanos (DUDH) foi adotada em 10 de dezembro de 1948 e contou com a aprovação de 48 Estados. Oito Estados se abstiveram de votar[9], porém nenhum Estado se opôs à declaração (COMPARATO, 2013, p. 238).

Contudo, mesmo com a abstenção de votos e em um contexto em que ainda não se tinha ciência dos vários abusos cometidos pelas potências do ocidente, Fábio Konder Comparato afirma que a Declaração tem um importante papel de retomar os ideais da Revolução Francesa de igualdade, liberdade e fraternidade em âmbito universal, conforme se observa já no artigo I da Declaração[10]. Tais ideais devem ser materializados em direitos efetivos de maneira progressiva, tanto no plano internacional como nacional, sendo a chave para essa cristalização a educação em direitos humanos (COMPARATO, 2013, p. 238).

Assim, logo após a aprovação da Declaração, a Assembleia das Nações Unidas solicitou aos países membros que publicassem seu texto *"para que ele fosse divulgado, mostrado, lido e explicado, principalmente nas escolas e em outras instituições educacionais, sem distinção nenhuma baseada na situação política ou econômica dos Países ou Estados"* (ONU BR a).

Na declaração, são afirmados vários direitos essenciais ao ser humano, como igualdade (artigo II), isonomia ou igualdade perante a lei (artigo VII), liberdade – compreendida em suas várias dimensões: liberdade de locomoção, de deixar qualquer país, inclusive o próprio, e liberdade de regressar (artigo XIII); liberdade religiosa (artigo XVIII);

---

[9] Os Estados que se abstiveram de votar foram: Bielorrússia, Tchecoslováquia, Polônia, Ucrânia, União Soviética, Iugoslávia, África do Sul e Arábia Saudita.

[10] *Artigo I Todos os seres humanos nascem livres e iguais em dignidade e direitos. São dotados de razão e consciência e devem agir em relação uns aos outros com espírito de fraternidade.*

de opinião (artigo XIX); liberdade de reunião e associação (artigo XX); e também em sua dimensão política, ao reconhecer o direito de participação no governo de seu país diretamente ou por intermédio de representantes (artigo XXI).

A Declaração também prevê direitos econômicos e sociais (artigos XXII a XXVI), tais como direito à seguridade social, direito ao trabalho e proteção ao desemprego, livre sindicalização dos trabalhadores e direito à educação.

Neste ponto, Flávia Piovesan afirma que a Declaração, ao conjugar direitos civis e políticos, previstos nos artigos III a XXI, com direitos sociais, econômicos e culturais, previstos nos artigos XXII a XXVIII da declaração, promove a junção do discurso liberal da cidadania com o discurso social, o que representa uma inovação introduzida pela Declaração (PIOVESAN, 2013, p. 213).

Esta combinação de direitos em um mesmo documento consiste na afirmação de inter-relação, indivisibilidade e interdependência e supera o entendimento de que os direitos humanos são classificados como gerações[11], classificação a qual transmite a ideia de que a conquista de um direito substitui o conquistado anteriormente a ele. Na verdade, os direitos se somam e interagem entre si, de modo que a Declaração acolhe a ideia de cumulação e fortalecimento dos direitos humanos, que se complementam, pois não

---

[11] A classificação dos direitos humanos em dimensões ou gerações foi durante muito tempo usado como critério metodológico pela doutrina. Os direitos de primeira geração seriam os direitos de liberdade, que necessitam de uma abstenção do Estado. Os de segunda geração correspondem aos direitos sociais, que traduzem o valor de igualdade e necessitam de uma prestação positiva do Estado para serem efetivados. Por fim, os direitos de terceira geração são os direitos ao desenvolvimento, à paz, à livre determinação, que correspondem à solidariedade. Vários autores tratam do tema, porém, utilizei como referência a obra da Flávia Piovesan, *Direitos Humanos e o direito constitucional internacional*. 14ª edição. São Paulo: Saraiva, 2013, p. 214.

há como se falar em liberdade sem a garantia dos direitos sociais, por exemplo (PIOVESAN, 2013, p. 214-216).

A declaração também levou em conta a situação dos refugiados e apátridas, afinal, a Segunda Guerra foi responsável por deixar milhares de pessoas sem nacionalidade. Assim, como forma de reconhecer esse fato e impedir que ele acontecesse novamente, previu, no artigo XIV, o direito de asilo a todas as vítimas de perseguição bem como, no artigo XV, o direito de todos à nacionalidade, afirmando expressamente que ninguém pode ser privado do direito à nacionalidade tampouco do direito de mudar de nacionalidade[12].

No que diz respeito à obrigatoriedade da Declaração, este documento tem status de mera recomendação da Assembleia Geral das Nações Unidas. No entanto, como visto, a Declaração trata de aspectos essenciais para a concretização dos Direitos Humanos no mundo, pois consolida a formação de uma ética universal a ser seguida pelos Estados. Além disso, ela foi aprovada de forma unânime pelos Estados, o que demonstrou o alto grau de aceitação por parte dos Estados, em um contexto histórico marcado pela Guerra Fria.

Cabe mencionar também que os direitos afirmados na Declaração correspondem à norma imperativa de Direito Internacional ou norma *jus cogens*, que, segundo disposto no artigo 53 da Convenção de Viena sobre o Direito dos Tratados, são normas aceitas e reconhecidas pela comunidade internacional dos Estados. No caso do Pessoal Diplomático e Consular norte-americano em Teerã, a Corte

---

[12] *Artigo XIV 1. Todo ser humano, vítima de perseguição, tem o direito de procurar e de gozar asilo em outros países.; Artigo XV 1. Todo homem tem direito a uma nacionalidade. 2. Ninguém será arbitrariamente privado de sua nacionalidade, nem do direito de mudar de nacionalidade.*

Internacional de Justiça sedimentou este entendimento ao afirmar expressamente pelo caráter vinculante da DUDH, e considerá-la como um importante vetor de interpretação[13].

Convenção Relativa ao Estatuto dos Refugiados e seu protocolo facultativo

A Convenção relativa ao Estatuto dos Refugiados (Convenção de 1951) foi adotada em 28 de julho de 1951 em Genebra (ACNUR b). No Brasil, passou a integrar o ordenamento jurídico em 28 de janeiro de 1961, com o Decreto nº 50.215, que ratificou a Convenção. O país assinou o instrumento em 15 de julho de 1952, e depositou o instrumento em 15 de novembro de 1960.

A Convenção de 1951 foi um instrumento criado para dar uma resposta jurídica à questão específica dos refugiados no pós-Segunda Guerra Mundial. Tanto é assim que, na definição original de refugiado, prevista no artigo 1º da Convenção, havia um limite temporal: é considerado refugiado quem, em consequência dos acontecimentos ocorridos antes de 1º de janeiro de 1951, for perseguido em virtude de atributos individuais específicos. Além do limite temporal, havia também um limite geográfico, pois a convenção só oferecia proteção para as pessoas que eram vítimas de perseguições na Europa.

Como a Primeira e a Segunda Guerras Mundiais não foram os únicos eventos que ocasionaram a necessidade de deslocamento de pessoas pelo mundo, a Assembleia Geral das Nações Unidas, em 4 de outubro de 1967, ratificou o Protocolo Facultativo (Protocolo de 1967) (ACNUR e)e, assim, o disposto na Convenção de 1951 pode ser aplicado para todos

---

[13] Neste caso, a Corte Internacional de Justiça condenou o Irã pela detenção de reféns americanos, por ser incompatível com a Convenção de Viena sobre Relações Diplomáticas e violar os princípios fundamentais da DUDH.

os refugiados definidos no documento, uma vez que foram superadas as limitações de âmbito geográfico e temporal. No âmbito de proteção da Convenção de 1951 e seu Protocolo Facultativo de 1967, refugiado é definido, no artigo 1º A.2, como qualquer pessoa que:

> *temendo ser perseguida por motivos de raça, religião, nacionalidade, grupo social ou opiniões políticas, se encontra fora do país de sua nacionalidade e que não pode ou, em virtude desse temor, não quer valer-se da proteção desse país, ou que, se não tem nacionalidade e se encontra fora do país no qual tinha sua residência habitual em conseqüência de tais acontecimentos, não pode ou, devido ao referido temor, não quer voltar a ele.*

Na seção C do artigo 1º, há hipóteses em que a proteção da Convenção cessa. São os casos de que o indivíduo volta a valer-se da proteção de sua nacionalidade: se recuperou voluntariamente a nacionalidade antes perdida ou se adquiriu nova nacionalidade e com ela a proteção do país da nova nacionalidade (C.2 e C.3), se o indivíduo retornou, voluntariamente, ao país que abandonou (C.4), se as circunstâncias que motivaram o reconhecimento do status de refugiado cessaram (C.5 e C.6).

Ainda, nos termos da seção E do artigo 1º, há a previsão de hipóteses nas quais a Convenção não é aplicável. Primeiramente, há a impossibilidade de aplicação da Convenção aos nacionais de um país ou os chamados deslocados internos.

De acordo com a seção F do mesmo dispositivo, a Convenção também não é aplicável às pessoas sobre as quais recaiam "razões sérias para pensar" que cometeram crime contra a paz, de guerra ou contra a humanidade, ou que cometeram crime comum grave fora do país de refúgio antes de adquirir o status de refugiadas e, por fim, se a elas for imputada a culpa de atos contrários aos fins e princípios das Nações Unidas.

Nota-se, portanto, que a seção F do artigo 1º apresenta uma limitação ao reconhecimento do status de refugiado, limitação esta que se mostra vaga e discriminatória. Isso porque a expressão utilizada pelo texto da Convenção dá margem a várias interpretações e a imposição do arbítrio dos Estados no sentido de limitar o direito de concessão de refúgio a pessoas, as quais os próprios Estados enxerguem como supostos *criminosos*.

A vagueza da limitação imposta está no fato de que a Convenção apenas indica a necessidade de *razões sérias para pensar*, ou seja, não há a necessidade mínima de provas contrárias ao indivíduo, por exemplo, o que já seria um desrespeito à presunção de inocência.

A Declaração Universal dos Direitos Humanos previu, no artigo XI, o direito de toda pessoa acusada de um ato delituoso ser presumida inocente até que sua culpabilidade tenha sido provada, asseguradas todas as garantias à sua defesa. Assim, pode-se entender que, ao fazer tal previsão, a Convenção de 1951 dispõe contrariamente ao direito da presunção da inocência. No entanto, o artigo 5º tem a função de harmonizar tais previsões conflitantes, uma vez que estabelece que nenhuma previsão da Convenção poderá prejudicar outros direitos ou vantagens concedidas aos refugiados.

No que diz respeito à natureza dos direitos garantidos pela Convenção, são eles majoritariamente civis e políticos. Há a previsão da não discriminação em virtude da raça, religião ou país de origem (artigo 3º), liberdade religiosa (artigo 4º), direito de associação sem fins políticos e lucrativos, bem como aos sindicatos profissionais (artigo 15) e acesso à justiça (art. 16). Há também a previsão de direito ao exercício de uma atividade profissional assalariada, desde que o refugiado resida regularmente no território (artigo 17), direito à educação (art. 22), assistência pública (artigo 23), e assistência e previdência social (art. 24). Interessante a disposição sobre a liberdade de movimento (art. 26), a qual afirma que os refugiados têm o direito de escolher o local de sua residência e de nele circular livremente.

Nota-se também que a Convenção, por vezes, equipara os direitos dos refugiados aos dos nacionais e, outras vezes, aos direitos dos estrangeiros residentes nos Estados Contratantes. Como exemplo, cita-se a liberdade de movimento prevista no artigo 26, que tem suas reservas instituídas pela regulamentação aplicável aos estrangeiros. Por outro lado, o direito à assistência pública, do artigo 23, recebe as mesmas garantias conferidas aos nacionais.

Os artigos 25 a 34 versam sobre medidas administrativas aos refugiados, como o direito de receberem documentos de identidade se não possuírem documento de viagem válido (art. 27), bem como de receberem documentos que autorizem viagem para fora do território do Estado de acolhida (art. 28).

Os refugiados em situação migratória irregular, desde que se apresentem às autoridades e justifiquem a situação de irregularidade, não serão submetidos a sanções, de acordo com o artigo 31. Assim, pela redação do dispositivo, a irregularidade da situação imigratória do refugiado não enseja, por si só, a imposição de sanção por parte do país de acolhida.

O artigo 32 proclama a regra de não expulsão do refugiado. No entanto, tal preceito não é absoluto, e a expulsão do refugiado poderá ocorrer por motivos de segurança nacional ou ordem pública. O procedimento de expulsão deve observar requisitos necessários; são eles: decisão proferida em processo previsto em lei e perante a autoridade competente, assegurada a ampla defesa. Além disso, após eventual decisão de expulsão, os Estados devem conceder um prazo razoável ao refugiado para que este seja legalmente admitido em outro país. A convenção possibilita, nesse caso, que os Estados apliquem medidas internas que entenderem cabíveis.

Dispositivo de suma importância é o artigo 33, o qual dispõe sobre a proibição de expulsão ou de rechaço, o que consagra o princípio do *non-refoulement*:

> *Nenhum dos Estados Contratantes expulsará ou rechaçará, de maneira alguma, um refugiado para as fronteiras dos territórios em que a sua vida ou a sua liberdade seja ameaçada em virtude da sua raça, da sua religião, da sua nacionalidade, do grupo social a que pertence ou das suas opiniões políticas.*

O princípio da proibição do rechaço é de extrema importância no contexto da proteção dos refugiados, isto é, aquele indivíduo ou grupo de indivíduos que, nos ditames do conceito da própria convenção de 1951, teme ser perseguido, e esse temor coloca em risco a sua integridade física e psíquica. Assim, o refugiado não possui escolha, a não ser, deixar o seu local para sobreviver. Assim, o referido princípio não deixa margem a escolhas infundadas e arbitrárias dos Estados na não admissão do imigrante nessas condições. A regra, portanto, será sempre do direito de ingresso e proteção.

Todavia, o *non-refoulement* não é aplicado de maneira absoluta. A limitação da invocação do princípio pode ocorrer com a constatação, por motivos sérios, de que o refugiado seja considerado perigo para a segurança do país ou que ele tenha condenação definitiva por crime grave.

A Lei brasileira sobre refúgio, Lei nº 9.474/1997, define mecanismos para a implementação do Estatuto dos Refugiados de 1951 e é considerada de vanguarda na América Latina, pois o Brasil foi um dos primeiros países a implementar o diploma internacional no ordenamento jurídico interno. Ela adota o conceito estendido de refúgio, nos termos do artigo 1º, inciso III, o qual prevê as situações de graves violações de direitos humanos como uma das razões para o deslocamento forçado, como se verá a seguir.

Além de dispor sobre direitos dos refugiados, estabelecendo conceitos conexos ao da Convenção de 1951, cria o Comitê Nacional para Refugiados (CONARE), órgão de deliberação coletiva no âmbito do Ministério da Justiça, que tem competência para analisar o pedido de solicitação de refúgio, orientar as ações para a eficácia da proteção, assistência e apoio jurídico aos refugiados, bem como determinar os motivos ensejadores da cessação do status de refugiado e determinar a perda da condição de refugiado.

Pacto Internacional dos Direitos Civis e Políticos e Pacto Internacional dos Direitos Econômicos, Sociais e Culturais

Em 16 de dezembro de 1966, a Assembleia Geral das Nações Unidas adotou dois pactos internacionais de direitos humanos que desenvolvem os temas apresentados na DUDH. São eles: o Pacto Internacional dos Direitos Civis e Políticos (PIDCP) e o Pacto Internacional dos Direitos Econômicos, Sociais e Culturais (PIDESC).

O Brasil ratificou o PIDCP por meio do Decreto nº 592 de 6 de julho de 1992, bem como o PIDESC por meio do Decreto nº 591 de 6 de julho de 1992, sem qualquer reserva ou objeção.

O PIDCP possui dois Protocolos Facultativos. O primeiro foi adotado na ocasião de sua elaboração pela Assembleia Geral das Nações Unidas, com a finalidade de instituir mecanismo de análise de petições de vítimas ao Comitê de Direitos Humanos. Porém, no Brasil, foi aprovado apenas em 16 de junho de 2009, pelo Decreto Legislativo nº 311 de 2009.

O Segundo Protocolo Facultativo do PIDCP, adotado no ano de 1989, visa à abolição da pena de morte e foi ratificado pelo Brasil no ano de 2009, por meio do mesmo Decreto Legislativo nº 311, com a reserva expressa no art. 2º, para não conflitar com a norma do art. 5º, XLVII, *a* da Constituição Federal de 1988, uma vez que o Brasil prevê a pena de morte em alguns casos.

O PIDESC também possui Protocolo facultativo, o qual instaura a competência do Comitê de Direitos Econômicos, Sociais e Culturais para receber e analisar comunicações feitas por ou em benefício de indivíduos ou grupos de pessoas sob a jurisdição de um Estado-parte que alegarem serem vítimas de violação de direitos previstos no Pacto. O Brasil ainda não assinou referido instrumento.

A DUDH, o PIDCP, seus dois protocolos facultativos, bem como o PIDESC e seu protocolo facultativo constituem juntos o que se denomina Carta Internacional de Direitos Humanos, ou, em inglês, *International Bill of Human Rights*. Juntos, estes instrumentos cuidam das duas grandes dimensões de direitos humanos e compõem um conjunto indivisível e interdependente.

Um questionamento frequente que se faz sobre os pactos é a razão pela qual foram elaborados dois pactos em vez de um único que dispusesse sobre referidos direitos. De fato, a intenção original era que fosse elaborado apenas um pacto que abrangesse tais direitos.

Há diversas explicações sobre o motivo da mudança da intenção original da Comissão de Direitos Humanos. André de Carvalho Ramos explica que o motivo da cisão foi o contexto da Guerra Fria, uma vez que os dois blocos, capitalista e comunista, não entraram em consenso quanto ao peso a ser dado aos direitos de primeira geração, ou os civis e políticos, e os de segunda geração, ou direitos sociais, econômicos e culturais (RAMOS, 2014, p. 99).

O autor se vale desse argumento também para explicar por que o conceito de refugiado ficou adstrito a violações de direitos civis e políticos, excluindo-se do conceito dado pela Convenção de 1951 e seu Protocolo de 1967 razões de cunho econômico, social e cultural, como analisado no capítulo primeiro desta obra (RAMOS, 2014, p. 99).

Por outro lado, Flávia Piovesan afirma que os países ocidentais defenderam a elaboração de dois pactos distintos, tendo em vista a diferença nos modos de implementação das duas categorias de direitos. Enquanto os direitos civis são autoaplicáveis, os sociais são programáticos e necessitam de ações a serem tomadas ao longo do tempo. Dentre as diferenças de implementação, está a criação de um comitê para a fiscalização de direitos civis e políticos, o que seria inadequado para a garantia dos direitos sociais, culturais e sociais, por exemplo (PIOVESAN, 2013, p. 235).

Mesmo sob a afirmação dos países socialistas de que a elaboração de dois pactos poderia diminuir a importância dos direitos sociais, econômicos e culturais, além do que não era em todos os países que os direitos civis e políticos eram autoaplicáveis, o entendimento dos países ocidentais prevaleceu (PIOVESAN, 2013, p. 235).

Neste sentido, Comparato afirma que apesar da cisão, os redatores dos pactos, não por acaso, redigiram o mesmo preâmbulo[14] para ambos os instrumentos, sendo que a unidade do sistema foi afirmada pela Resolução n. 32/120 da Assembleia Geral da ONU em 1966 (COMPARATO, 2013, p. 292).

Sobre os direitos consagrados em ambos os pactos, há uma incorporação dos direitos previstos na DUDH, porém com maior detalhamento e sob a forma[15] de preceitos juridicamente obrigatórios e vinculantes (PIOVESAN, 2013, p. 236-248).

O Pacto dos Direitos Civis e Políticos estabelece direitos aos indivíduos, ao passo que o Pacto de Direitos Econômicos, Sociais e Culturais estabelecem obrigações aos Estados, assim uma distinção que se coloca entre tais direitos é que os primeiros são autoaplicáveis enquanto os últimos dependem de uma ação positiva do Estado. Flávia Piovesan é contra a classificação, pois é simplista. Os direitos civis

---

[14] *Considerando que, em conformidade com os princípios proclamados na Carta das Nações Unidas, o reconhecimento da dignidade inerente a todos os membros da família humana e de seus direitos iguais e inalienáveis constitui o fundamento da liberdade, da justiça e da paz no mundo, Reconhecendo que esses direitos decorrem da dignidade inerente à pessoa humana, Reconhecendo que, em conformidade com a Declaração Universal dos Direitos do Homem, o ideal do ser humano livre, no gozo das liberdades civis e políticas e liberto do temor e da miséria, não pode ser realizado e menos que se criem às condições que permitam a cada um gozar de seus direitos civis e políticos, assim como de seus direitos econômicos, sociais e culturais, Considerando que a Carta das Nações Unidas impõe aos Estados a obrigação de promover o respeito universal e efetivo dos direitos e das liberdades do homem, Compreendendo que o indivíduo, por ter deveres para com seus semelhantes e para com a coletividade a que pertence, tem a obrigação de lutar pela promoção e observância dos direitos reconhecidos no presente Pacto.*

[15] Lembrando que, do ponto de vista exclusivamente formal, a DUDH, em tese, não possui força vinculante, por ser uma declaração. Porém, tal entendimento foi superado pela doutrina e jurisprudência internacional.

e políticos não se restringem apenas à abstenção estatal, como é o caso, por exemplo, do direito à participação política, que demanda um aparato eleitoral, ou do acesso à justiça, que também necessita do acesso ao judiciário, que representa custos para o Estado (PIOVESAN, 2013, p. 250). Em outras palavras, muitas vezes, o Estado necessita de políticas públicas, que, por sua vez, demandam gastos por parte do Estado, para fazer valer direitos civis e políticos, não sendo suficiente sua mera abstenção.

Em que pese o Pacto dos Direitos Civis e Políticos reconhecer um catálogo de direitos mais extenso do que a DUDH, Comparato critica a omissão dos Pactos de 1966, ao não prever o direito de qualquer ser humano a uma nacionalidade, o direito de asilo ou refúgio. O autor prossegue afirmando que o Estatuto dos Apátridas de 1954 e a Convenção sobre a Redução da Apatridia de 1961 não são motivos suficientes para se justificar a ausência da menção expressa a esses direitos nos Pactos de 1966 (COMPARATO, 2013. p. 297-296).

De fato, a única menção que o pacto de direitos civis e políticos faz sobre o tema é no artigo 24.3, o qual prevê que *toda criança terá o direito de adquirir uma nacionalidade*.

Convenção Internacional sobre a Proteção dos Direitos de todos os Trabalhadores migrantes e dos Membros de suas Famílias

A única definição de migrante é a oferecida pela Convenção Internacional sobre a proteção dos direitos de todos os trabalhadores migrantes, que foi adotada em 18 de dezembro de 1990 e entrou em vigor em 2003. O Brasil ainda não aderiu à Convenção; o processo de adesão está parado no poder legislativo brasileiro. Como bem observam Vedovato, Pedagoga e Sampaio (2016, p. 212-215),

O Brasil, desde a década de 60, sempre se vinculou aos principais tratados de Direitos Humanos. Trata-se de um silêncio eloquente, indicando que a proteção do trabalhador migrante demonstra um desafio especial no país. Principalmente porque, segundo a ONU, esta convenção é um dos instrumentos mais importantes do mundo.

Uma das principais motivações da elaboração da Convenção foi a ampliação do fenômeno migratório na sociedade globalizada, em que grupos sociais passaram a se deslocar com mais intensidade para procurar melhores condições de vida e trabalho. Dentre os seus objetivos, está a uniformização dos princípios fundamentais sobre trabalhadores migrantes e suas famílias, levando em conta sua situação de vulnerabilidade (RAMOS, 2014).

Uma das preocupações da Convenção, a notar já do preâmbulo, é com a migração irregular, fruto de movimentos clandestinos e tráfico de trabalhadores migrantes, que são frequentemente empregados em condições de trabalho menos favoráveis, dada a sua vulnerabilidade. Desta forma, a Convenção estipula que os Estados adotem medidas adequadas para que os migrantes indocumentados não sejam privados de seus direitos, afirmando que os empregadores não podem deixar de cumprir as obrigações legais ou contratuais em virtude da irregularidade. Tal previsão se insere no contexto de prevenir e eliminar os movimentos de tráfico de trabalhadores migrantes, por meio da garantia de direitos destes trabalhadores (RAMOS, 2014).

Sistema de Organização dos Estados Americanos (OEA)

Os instrumentos de direito internacional analisados acima fazem parte do sistema global de proteção que foram produzidos no sistema das Nações Unidas, e podem alcançar qualquer membro da ONU, desde que exista consentimento por parte do país. Ao lado do sistema global de proteção, há também os instrumentos que foram produzidos nos âmbitos regionais, o que significa que a aplicação e a adesão ao tratado sofrem limitação geográfica. É o caso dos sistemas regionais da Europa, África e América, os quais estão espacialmente limitados a esses continentes.

É importante destacar que a relação entre os sistemas regionais e o global é de complementaridade, e todos os sistemas são inspirados pelos valores e princípios da Declaração Universal de Direitos Humanos. A diferença, e talvez a vantagem, dos sistemas regionais é em razão do tratamento da organização, que leva em conta as especificidades de cada região, e a possibilidade de estabelecer novos direitos, aperfeiçoar outros, sempre tendo em vista o padrão mínimo estabelecido no nível global (PIOVESAN, 2013, p. 235-330).

O propósito dos instrumentos jurídicos de direitos humanos será sempre fortalecer a aplicação destes, não sendo raro que um mesmo direito seja protegido por diferentes instrumentos. Assim, toda a interpretação do Direito Internacional dos Direitos Humanos é no sentido de se conferir maior proteção ao destinatário da proteção internacional, que será sempre o indivíduo.

Declaração Americana dos Direitos e Deveres do Homem

A Declaração Americana dos Direitos e Deveres do Homem foi adotada pela IX Conferência Internacional dos Estados Americanos, em Bogotá, em 1948, mesmo ano de criação da Declaração Universal sobre Direitos Humanos, como visto. Porém, diferentemente da ONU que precedeu a criação da DUDH, no caso da Declaração Americana, a criação da Organização dos Estados Americanos (OEA) surgiu na mesma conferência de elaboração da Declaração regional. Apesar de terem surgido no mesmo ano, percebem-se diferenças importantes no conteúdo das declarações de âmbito global e regional. A começar pelo título, a declaração universal é sobre Direitos Humanos ao passo que a Americana utiliza a palavra *homem*.

A Declaração Americana não prevê apenas direitos, mas também deveres, como o próprio nome do instrumento sugere. Assim, o conteúdo da Declaração é dividido em duas partes: o capítulo primeiro, que distribui os direitos em 28 artigos, sendo que o artigo XXVIII expressa o alcance dos direitos do *homem, limitados pelos direitos do próximo, segurança de todos e pelas justas exigências do bem-estar geral e do desenvolvimento democrático;* e o segundo capítulo, que prevê deveres, sugerindo que o cumprimento dos deveres é uma condição ao exercício dos direitos humanos.

Sobre este aspecto, Carlos Weis lembra que a ideia de deveres correlatos a direitos é equivocada, principalmente quando se trata de direitos econômicos, sociais e culturais que dependem de obrigações estatais para a sua satisfação. É uma transposição para o público de uma situação típica das relações privadas, as quais, em regra, demandam reciprocidade entre as partes da relação jurídica (WEIS, 2012, p. 137).

Além disso, a previsão de deveres dá margem à interpretação totalmente equivocada que apenas aqueles que não cumprem seus deveres não são dignos de terem seus direitos respeitados, o que gera o perigo da ausência de tutela de direitos daqueles que, por uma interpretação subjetiva e discriminatória por parte dos detentores do poder, não estão de acordo com o ordenamento jurídico. A título de exemplo, cita-se o migrante que ainda não conseguiu regularizar sua situação jurídica em determinado país; isso seria motivo para deixar de garantir-lhe direitos? Evidente que a resposta é negativa.

A respeito dos deveres enunciados pela Declaração, destaca-se o dever de se abster de atividades políticas em países estrangeiros, previsto no artigo XXXVIII, o que merece críticas. Sem representação política, o imigrante se torna ainda mais invisível para pleitear políticas públicas a seu favor, por exemplo. Além disso, cria-se uma distinção que leva em conta a nacionalidade, o que nem sempre é acertado, como demonstrado no primeiro capítulo, pois este critério pode gerar exclusões. O ideal seria zelar pelo direito da atividade política do imigrante, e levar em conta que o local do seu domicílio é onde o sujeito deve exercer o seu direito de participação na vida política, como se verá mais à frente (este tema será aprofundado em capítulo próprio).

A previsão de que os direitos à saúde e à educação, previstos nos artigos XI e XII respectivamente, são garantidos tão somente no nível permitido dos recursos públicos merece atenção, pois a declaração, desta forma, vincula a concretização destes direitos à possibilidade do Estado em garanti-los, o que colide com a essência dos direitos humanos, que são anteriores e independentes do Estado, não podendo ser por ele condicionados (WEIS, 2012, p.137).

O artigo VIII condiciona o direito de residência e o livre trânsito no território do Estado aos nacionais, em claro tratamento discriminatório entre nacionais e não nacionais e em afronta à universalidade dos Direitos Humanos.

Nota-se que, ao menos nestes dispositivos citados, a Declaração Americana de Direitos e Deveres do Homem apenas reproduz padrões da época em que fora elaborada, e não provoca uma ruptura com o sistema para a maior garantia de direitos em prol do ser humano. O instrumento que conseguiu alcançar tal ruptura, ao menos no nível regional, talvez tenha sido a Convenção Americana sobre Direitos Humanos ou Pacto de San José da Costa Rica.

Convenção Americana sobre Direitos Humanos (Pacto de San José da Costa Rica)

A Convenção Americana sobre Direitos Humanos é o instrumento mais importante no sistema interamericano, sendo de adesão restrita aos membros da OEA. Foi assinada em 22 de novembro de 1969, em San José, Costa Rica, de modo que a Convenção também é comumente chamada de Pacto de San José da Costa Rica. Entrou em vigor em 1978, com o depósito do 11º instrumento de ratificação. Atualmente, a Convenção conta com 25 Estados-partes, dos 35 que integram a OEA. O Brasil aderiu à Convenção em 25 de setembro de 1992, e o instrumento entrou no ordenamento jurídico brasileiro por meio do Decreto nº 678 de 6 de novembro de 1992. Ao depositar a carta de adesão, o Brasil fez ressalvas aos artigos 43 e 48, alínea *d*. As ressalvas foram feitas para não incluir o direito automático de visitas e inspeções *in loco* da Comissão Interamericana de Direitos Humanos, as quais dependem de anuência expressa do Brasil.

Os Estados Unidos, apesar de pertencerem à OEA, apenas assinaram a Convenção, pendentes a adesão e o depósito do instrumento, bem como reconhecimento da competência dos órgãos de monitoramento, a Comissão Interamericana de Direitos Humanos e a Corte Interamericana de Direitos Humanos.

A Convenção Americana prevê direitos civis e políticos, de maneira similar ao Pacto Internacional sobre Direitos

Civis e Políticos. Algumas disposições da Convenção são mais protetivas do que os Pactos de 1966, como é o caso do artigo 4º da Convenção que proíbe a pena de morte nos países que a tenham abolido, vedada a aplicação aos crimes políticos e aos comuns a eles conexos (4.2, 4.3, 4.4), a pessoa menor de dezoito ou maior de setenta ou a mulher grávida (4.5).

Também o artigo 21 da Convenção que garante a propriedade, reconhecendo a possibilidade da destinação conforme o interesse social se mostra mais protetivo.

No que diz respeito aos direitos de circulação e residência, Comparato afirma que a Convenção representa significativo avanço em comparação aos Pactos de 1966, relativamente ao direito de asilo e à expulsão territorial (COMPARATO, 2013, p 383).

No artigo 22, há o detalhamento de tais direitos, especialmente nos incisos 6 a 9[16]. O direito de asilo foi contemplado no caso de perseguição por delitos políticos e conexos. Há a limitação da expulsão, modalidade de retirada compulsória de imigrante do território, que só pode se dar nos termos de decisão fundamentada de acordo com a lei, garantindo-se, assim, o princípio da legalidade, bem como a segurança jurídica, e afastando o risco da expulsão pela discricionariedade do Estado. Além disso, proíbe-se expressamente a expulsão coletiva de estrangeiros.

---

[16] Os dispositivos possuem a seguinte redação: *6. O estrangeiro que se ache legalmente no território de um Estado Parte nesta Convenção só poderá dele ser expulso em cumprimento de decisão adotada de acordo com a lei. 7. Toda pessoa tem o direito de buscar e receber asilo em território estrangeiro, em caso de perseguição por delitos políticos ou comuns conexos com delitos políticos e de acordo com a legislação de cada Estado e com os convênios internacionais. 8. Em nenhum caso o estrangeiro pode ser expulso ou entregue a outro país, seja ou não de origem, onde seu direito à vida ou à liberdade pessoal esteja em risco de violação por causa da sua raça, nacionalidade, religião, condição social ou de suas opiniões políticas. 9. É proibida a expulsão coletiva de estrangeiros.*

A proibição do rechaço ou *non-refoulement* foi prevista no inciso 8 do referido dispositivo, o qual impede a expulsão ou a entrega de estrangeiro no caso de risco de graves violações de direitos, ampliando a proteção para qualquer imigrante, e não somente ao refugiado, como faz a Convenção de 1951, por exemplo.

Vale mencionar o preâmbulo, o qual reconhece que os direitos do ser humano não derivam em razão de ser ele nacional de determinado Estado, mas, sim, de ter como fundamento os atributos da pessoa humana, justificando-se, assim, a proteção internacional complementar ao direito interno dos Estados[17]. Destaque deve ser dado para este reconhecimento, pois há uma quebra da lógica nacionalista amplamente difundida durante a Segunda Guerra Mundial, e inclusive inserida em alguns instrumentos de direitos humanos, tal como a Declaração Americana de Direitos Humanos, ao criar distinções significativas com base na nacionalidade, como visto.

Não há previsão expressa sobre direitos sociais, econômicos e culturais, há apenas a menção, no artigo 26, do desenvolvimento progressivo, por meio de adoção de providências pelos Estados-partes, internamente ou por meio da cooperação internacional, para que se atinja a efetividade dos direitos decorrentes das normas previstas na Carta da Organização dos Estados Americanos. Em 1988, a Assembleia Geral da OEA adotou um protocolo adicional, o Protocolo de San Salvador, que versa sobre

---

[17] Sua redação é a seguinte: *Reconhecendo que os direitos essenciais do homem não derivam do fato de ser ele nacional de determinado Estado, mas sim do fato de ter como fundamento os atributos da pessoa humana, razão por que justificam uma proteção internacional, de natureza convencional, coadjuvante ou complementar da que oferece o direito interno dos Estados americanos.*

esse rol de direitos, em vigor desde 1999, após o depósito do 11º instrumento de ratificação.

Na Parte II, a Convenção dispõe sobre os meios de proteção; os órgãos de monitoramento da Convenção têm tido importante atuação no sentido de implementação dos direitos enunciados pelo instrumento. São eles: a Comissão Interamericana de Direitos Humanos e a Corte Interamericana de Direitos Humanos.

A Comissão Interamericana de Direitos Humanos possui a função de promover os Direitos Humanos na América. Este órgão pode fazer recomendações aos Estados-partes, preparar estudos ou relatórios, solicitar aos Estados informações relativas às medidas adotadas no que diz respeito à aplicação da Convenção, bem como submeter relatório anual à Assembleia Geral da OEA (PIOVESAN, 2013, p. 335-336).

A Comissão também é responsável por examinar as comunicações de violações de direitos, encaminhadas por indivíduos ou ONGs dos Estados que fazem parte da Convenção. Caso não seja possível uma solução amistosa entre as partes (denunciante e Estado), a Comissão encaminha o caso à Corte Interamericana de Direitos Humanos, desde que o Estado-parte tenha reconhecido, mediante declaração expressa e específica, a competência da Corte, nos termos do artigo 62 da Convenção, sendo que apenas a Comissão e os Estados-partes são partes legítimas para encaminhar casos à Corte.

Um dos casos mais relevantes sobre o tratamento de imigrantes, que foi analisado pelos órgãos de monitoramento do sistema interamericano de direitos humanos, foi o Caso Vélez Loor vs. Panamá. Trata-se da detenção de Jesús Tranquilino Vélez Loor, equatoriano, que fora processado sem as devidas garantias e sem a possibilidade de ser ouvido e exercer o direito de defesa. A vítima alegou que sofreu tortura durante o período em que esteve preso, porém as autoridades não investigaram o fato.

Diante das violações, a Comissão requereu à Corte a responsabilização do Estado do Panamá pela violação dos artigos 5 (direito à integridade pessoal), 7 (direito à liberdade pessoal), 8 (garantias judiciais), 25 (proteção judicial), bem como o disposto nos artigos 1, 6 e 8 da Convenção Interamericana para Prevenir e Punir a Tortura.

Em sentença proferida em 23 de novembro de 2010, a Corte entendeu ser o Panamá responsável pelas violações, determinando como reparação o pagamento de indenização em favor da vítima, além de tratamento médico e psicológico pelo prazo de seis meses. Impôs que o Panamá investigue os fatos, objetos desta decisão, para determinar as responsabilidades penais, aplicando as sanções devidas. Também determinou a adoção de medidas para dispor de estabelecimentos adequados para alojar pessoas detidas por questões migratórias, e que estes estabelecimentos sejam especificamente adequados para tais propósitos.

Entendeu também que o Estado deve implementar programas de capacitação para os funcionários que tenham contato com migrantes, para que tenham ciência das normas internacionais sobre direitos humanos relativas ao tema de migração bem como ao devido processo e ao direito à assistência consular. A capacitação sobre a obrigação de iniciar investigação de ofício a partir de denúncia ou suposição do cometimento de tortura também constou na sentença da Corte.

André de Carvalho Ramos, ao comentar este caso, afirma que, apesar de os Estados poderem fixar políticas migratórias no âmbito interno, são consideradas arbitrárias aquelas políticas em que o fundamento principal é a detenção obrigatória dos migrantes em situação migratória irregular (RAMOS, 2014).

Outro caso relevante da jurisprudência da Corte é o Benito Tide Mendes *vs*. República Dominicana, em que a Corte analisou a detenção arbitrária e a expulsão coletiva de pessoas nacionais e imigrantes, documentados e indocumentados, do território da República Dominicana.

A Comissão entendeu que a República Dominicana cometeu a expulsão coletiva de nacionais e estrangeiros, documentados e indocumentados, que possuíam residência e vínculo trabalhista no país. Além disso, houve impedimento de concessão de nacionalidade às pessoas nascidas no país, mesmo tendo a República Dominicana adotando o critério *ius soli* para aquisição de nacionalidade, e também a ausência de assistência jurídica e acesso à justiça às vítimas e ausência de análise das deportações por autoridade competente, independente e parcial. Além destas violações, as vítimas não tiveram a oportunidade de apresentar documentos para a defesa; e, nos casos em que foi apresentada, a documentação foi destruída pelas autoridades dominicanas.

Durante o período em que as pessoas ficaram detidas arbitrariamente, receberam tratamento cruel e desumano, como ausência de comida, água e assistência médica. Os danos psicológicos decorrentes da medida de expulsão, que provocaram o desenraizamento, desmembramento dos laços e da estrutura familiar, foram evidentes.

Todas essas violações foram motivadas pela discriminação racial da população haitiana e dos descendentes de haitianos, que são negros, em que pese a população da República Dominicana ser formada por 80% de negros e negras. Argumento, inclusive, utilizado pelo Estado quando da audiência pública sobre o presente caso, no sentido de que, por ser a população em sua maioria negra, não existiria racismo no país (parágrafo 159).

Após relatório da Comissão concluindo que a República Dominicana é responsável pelas violações, recomendou ao Estado que permitisse o regresso das vítimas expulsas, realizasse a implementação de medidas de reconhecimento da nacionalidade, pagasse indenização às vítimas pelo dano material e moral causado, que reconhecesse publicamente as violações cometidas e adotasse medidas para que as violações não voltem a ocorrer. Também foi recomendado que o Estado adote medidas para erradicar o controle migratório com base em perfis raciais e que garanta que as autoridades do controle migratório recebam formação intensiva sobre Direitos Humanos. Por fim, a Comissão também recomendou a instituição de recursos judiciais efetivos no marco dos procedimentos de expulsão ou de deportação.

Transcorrido o prazo de dois meses e sem a informação sobre o cumprimento das recomendações pelo Estado dominicano, a Comissão submeteu o caso à Corte, em 12 de julho de 2012, requerendo a declaração da violação dos artigos 3 (Direito ao Reconhecimento da Personalidade Jurídica), 5 (Direito à Integridade Pessoal), 7 (Direito à Liberdade Pessoal), 8 (Garantias Judiciais), 17 (Proteção da Família), 19 (Direitos da Criança), 20 (Direito à Nacionalidade), 21 (Direito à Propriedade Privada), 22.1. 22.5 e 22.9 (Direito de Circulação e de Residência), 24 (Igualdade perante a Lei) e 25 (Proteção Judicial) da Convenção. A Comissão também solicitou ao Tribunal que ordenasse ao Estado a adoção de medidas de reparação.

Na sentença, proferida em 28 de agosto de 2014, a Corte entendeu que houve violação de diversos direitos previstos na Convenção, dentre eles, está o fato que as medidas privativas de liberdade apenas deveriam ser utilizadas quando fosse necessário e proporcional no caso concreto, com o objetivo de assegurar a presença da pessoa no processo migratório ou para garantir a aplicação de uma ordem de deportação e, unicamente, durante o menor prazo possível (parágrafo 359). A Corte também lembrou sobre a vedação às expulsões coletivas prevista no artigo 22.9 da Convenção, apontando que o critério que determina o caráter "coletivo" de uma expulsão não é o número de estrangeiros, mas a ocorrência da expulsão quando a decisão não é baseada em análise objetiva das circunstâncias individuais (parágrafo 361).

Por unanimidade, declarou ser o Estado Dominicano responsável pelas violações, condenando-o a adotar medidas necessárias para a regularização dos documentos que comprovam a nacionalidade dominicana das vítimas que tiveram esse direito obstado; conceder permanência regular às vítimas no território dominicano; realizar programas de capacitação para assegurar que os perfis raciais não constituam motivo para a detenção ou expulsão; observar as garantias do devido processo no caso de expulsão; não realizar, sob qualquer hipótese, expulsões de pessoas de nacionalidade dominicana, bem como que não seja permitida a expulsão coletiva de estrangeiros; adotar medidas que deixem sem efeitos regras ou práticas que estabeleçam a estadia irregular dos pais estrangeiros e que impeçam a aquisição da nacionalidade dominicana dos filhos; adotar medidas que assegurem que todas as pessoas nascidas no território dominicano possam ser registradas imediatamente e, por fim, o pagamento de indenização a título de dano material e moral e a publicação de sentença condenatória.

A Corte, além de possuir competência contenciosa, também é o órgão responsável por emitir pareceres não vinculantes sobre interpretação da Convenção Americana ou qualquer tratado de Direitos Humanos adotado no âmbito regional americano pela Corte Interamericana de Direitos Humanos. A consulta pode ser requerida por qualquer membro da OEA que tenha ou não aderido à Convenção. É possível também a realização do controle de convencionalidade de leis, que consiste na análise sobre a compatibilidade da legislação doméstica de um Estado com os instrumentos internacionais. A interpretação da Corte, assim como ocorre com o órgão do sistema europeu, leva em conta a evolução dos Direitos Humanos e o contexto da época, o que permite a expansão dos direitos (PIOVESAN, 2013, p. 343-344).

Na Opinião Consultiva nº 18, a Corte proferiu um entendimento a uma consulta feita pelo México em 2002. A consulta consistia em saber se um Estado pode estabelecer tratamento prejudicial para os trabalhadores migrantes indocumentados quanto ao acesso aos direitos trabalhistas em relação aos residentes legais ou nacionais; isto é, se a permanência legal das pessoas no território de um Estado é condição necessária para que o Estado respeite e garanta os direitos e liberdades reconhecidas. Além disso, o México também indagou se o princípio da não discriminação e o direito à proteção igualitária podem ser considerados expressão de regras *jus cogens*.

A Corte, na ocasião, reconheceu o caráter *jus cogens* do princípio de igualdade e não discriminação, pois é um princípio que fundamenta tanto o ordenamento jurídico nacional como internacional. Não é possível, então, admitir atos jurídicos que conflitem com este princípio[18]. Como consequência, os Estados devem assegurar que toda pessoa tenha acesso, independentemente do status migratório, a recursos que amparem seus direitos, de modo que tal preceito, por ser considerado *jus cogens*, alcança todos os Estados. Além disso, a Corte afirma que a situação migratória regular de uma pessoa não é condição para que o Estado respeite e garanta o princípio da igualdade e não discriminação, sendo que o respeito obrigatório advém da condição de ser pessoa.

O tratamento distinto entre migrantes documentados e não documentados só é possível na medida em que tal tratamento seja razoável, objetivo e proporcional, e encontra seus limites na garantia obrigatória dos direitos humanos. Como exemplo, o órgão cita possíveis distinções de titularidade de alguns direitos políticos. Além disso, os mecanismos de ingresso e saída de imigrantes indocumentados no território de um Estado devem ser sempre aplicados com apego ao devido processo, que, novamente, deve ser garantido a toda pessoa independentemente da condição migratória.

---

[18] Destaca-se o seguinte trecho da OC nº 18: *Em concordância com isso, este Tribunal considera que o princípio de igualdade perante a lei, igual proteção perante a lei e não discriminação, pertence ao* jus cogens, *já que sobre ele descansa todo o arcabouço jurídico da ordem pública nacional e internacional e é um princípio fundamental que permeia todo ordenamento jurídico. Atualmente, não se admite nenhum ato jurídico que entre em conflito com este princípio fundamental. Não se admitem tratamentos discriminatórios em detrimento de nenhuma pessoa, por motivos de gênero, raça, cor, idioma, religião ou convicção, opinião política ou de outra natureza, origem nacional, étnica ou social, nacionalidade, idade, situação econômica, patrimônio, estado civil, nascimento ou qualquer outra condição. Este princípio (igualdade e não discriminação) faz parte do Direito Internacional geral. Na atual etapa da evolução do Direito Internacional, o princípio fundamental de igualdade e não discriminação ingressou no domínio* do jus cogens.

A Corte reconheceu também o caráter de vulnerabilidade do trabalhador migrante, e entendeu que o status migratório – se regular ou irregular – não pode constituir óbice ao alcance dos direitos trabalhistas, direito que está previsto na Convenção Sobre Trabalhador Migrante, do sistema global.

Vários casos de violações de direitos já foram analisados pelos órgãos de monitoramento, e a atuação destes, sobretudo a jurisprudência da Corte, tem se mostrado um meio importante na garantia de direitos. A decisão da Corte possui caráter vinculante, e vale como título executivo, no caso de fixação de indenização às vítimas, por exemplo. Por outro lado, requer um esforço por parte dos Estados-partes no cumprimento das decisões internacionais, principalmente em nome do princípio da boa-fé que orienta a ordem internacional (PIOVESAN, 2013, p. 363-366).

Declaração de Cartagena

A Declaração de Cartagena (ACNUR d) é um instrumento regional do continente americano, adotado pelo Colóquio sobre Proteção Internacional dos Refugiados na América Central, México e Panamá: Problemas Jurídicos e Humanitários, realizado em Cartagena, Colômbia, entre 19 e 22 de novembro de 1984.

Foi no contexto de grande violação de direitos humanos que o instrumento surgiu, em razão do conflito interno em Nicarágua, El Salvador e Guatemala, que provocou o deslocamento de milhares de pessoas. Assim, a proteção aos refugiados era um objetivo político a ser alcançado na região. Por isso, em 1984, a convite do Governo da Colômbia, em Cartagena das Índias, os países da região se reuniram para elaborar um novo conceito para, de certa forma, renovar a proteção internacional aos grupos vulneráveis de deslocados (CARNEIRO, 2012. p. 18).

Com o instrumento, houve a ampliação do conceito de refugiado para, além dos elementos da Convenção de 1951 e do Protocolo de 1967, considerar também as pessoas que tenham deixado seus países, porque sua vida, segurança ou liberdade tenham sido ameaçadas por motivos de violência generalizada, agressão, conflitos internos e violação dos direitos humanos[19].

Trata-se da terceira conclusão prevista no documento, em que a ampliação do conceito se fundamenta pelas características do fluxo de refugiados na América Central, na Convenção da União Africana (OUA), bem como na doutrina utilizada nos relatórios da Comissão Interamericana de Direitos Humanos.

Esta declaração parte de bases distintas da Convenção de 1951, pois leva em conta a situação objetiva do contexto político e social que poderá afetar qualquer pessoa independentemente dos atributos individuais. O conceito, portanto, fora construído a partir dos direitos fundamentais da pessoa humana, seguindo implicitamente o conceito do fundado temor previsto pela Convenção de 1951. Porém, o fundado temor, nos termos de Cartagena, se constrói a partir da realidade local da pessoa (CARNEIRO, 2012. p. 19).

A ideia do conceito implícito de perseguição está no fato de que em uma situação real de violência generalizada, conflito ou grave violação de direitos humanos, a caracterização da perseguição é evidente, em vista da ausência de proteção do Estado, e então, nesse contexto, pelas

---

[19] A redação é a seguinte: *Considere também como refugiados as pessoas que tenham fugido dos seus países porque a sua vida, segurança ou liberdade tenham sido ameaçadas pela violência generalizada, a agressão estrangeira, os conflitos internos, a violação maciça dos direitos humanos ou outras circunstâncias que tenham perturbado gravemente a ordem pública.*

palavras de Carneiro (2012, p. 20): *"se mata ou prende a qualquer um, torturam e estupram, é muito mais fácil sofrer qualquer violação grave por ser negro, por ser mulher, por ser de determinado partido político ou por qualquer outro critério da convenção"*.

E é por isso que partir de situações objetivas talvez seja o grande avanço da Declaração de Cartagena, que, mais do que estender o conceito de refugiado, reconhece que, em situações de graves violações de direitos, os discriminados *se transformam em perseguidos* (CARNEIRO, 2012, p. 20).

Além disso, o conteúdo da Declaração de Cartagena pressupõe a indivisibilidade dos Direitos Humanos, a qual, segundo André de Carvalho Ramos, consiste no reconhecimento de que todos os direitos devem ter igual proteção jurídica, uma vez que são essenciais para uma vida digna (RAMOS, 2014, p. 92). Isso porque a extensão do conceito não leva em conta apenas direitos individuais, conforme previsão original da Convenção de 1951 e seu Protocolo de 1967, mas também alcança os direitos econômicos e sociais.

E, segundo o princípio da indivisibilidade adotado pela DUDH de 1948, a divisão dos direitos perde a razão de ser, justamente porque não é possível proteger apenas alguns dos direitos humanos reconhecidos, sob pena de a proteção ser incompleta.

O princípio de *non-refoulement* foi reconhecido como *jus cogens*[20], isto é, como norma cogente de observância

---

[20] Para mais informações sobre o tema, ver: DE PAULA, Bruna. O princípio do non-refoulement, sua natureza jus cogens e a proteção internacional dos refugiados e dos direitos humanos. *Revista Interdisciplinar da Mobilidade Urbana*, v. 16, n. 31, 2008. Disponível em: http://www.csem.org.br/remhu/index.php/remhu/issue/view/6. Acesso em: 31/03/2021.

obrigatória, conforme a quinta conclusão do documento[21]. O reconhecimento do princípio *non-refoulement* como norma *jus cogens* não implica apenas a obrigatoriedade da norma, pois esta obrigatoriedade é decorrente da ratificação do tratado. Sua importância está na impossibilidade de derrogação da norma pela vontade unilateral do Estado, que só pode ser admitida na hipótese de outra norma da mesma natureza (RAMOS, 2014, p. 153).

A Convenção de Cartagena enuncia, na décima quinta conclusão, a importante função dos organismos de monitoramento do sistema Interamericano, em especial a da Comissão Interamericana de Direitos Humanos, em complementar a proteção dos refugiados e asilados, reconhecendo também o trabalho deste órgão na proteção de direitos no continente. Além disso, foi a partir dos relatórios da Comissão que foi possível entender a necessidade da ampliação do conceito de refugiado, como explica o documento na terceira conclusão.

---

[21] Conforme redação a seguir: *Reiterar a importância e a significação do princípio de* non-refoulement *(incluindo a proibição da rejeição nas fronteiras), como pedra angular da proteção internacional dos refugiados. Este princípio imperativo respeitante aos refugiados, deve reconhecer-se e respeitar-se no estado atual do direito internacional, como um princípio de* jus cogens.

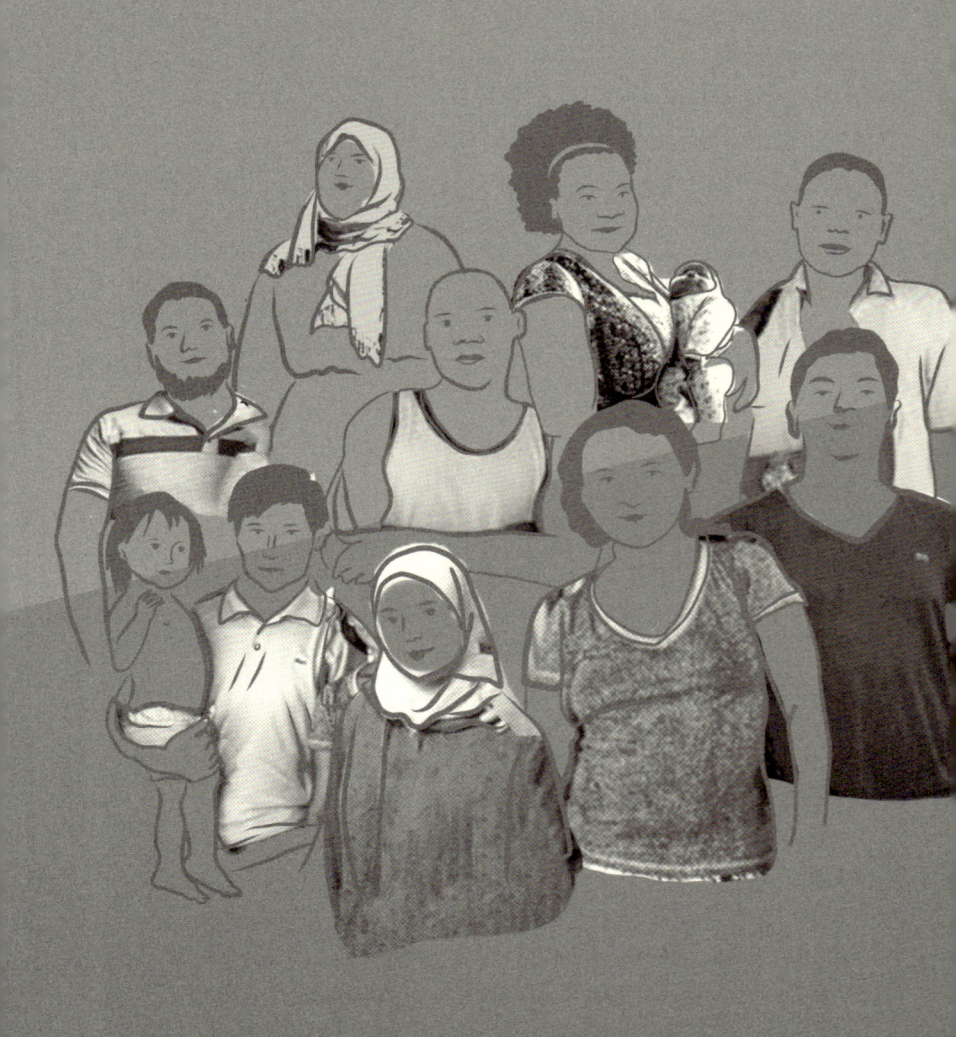

CAPÍTULO 3 – O CIDADÃO DO MUNDO

O que é hospitalidade?

Em *A Paz Perpétua*, Kant define o que seria o direito à hospitalidade. Para o filósofo, o direito à hospitalidade não possui relação com filantropia ou caridade, uma vez que estas dependem da conveniência do receptor. Trata-se de um direito do estrangeiro, de não ser tratado de maneira hostil por estar em outro território que não o seu originário. A única hipótese em que se poderia rejeitar o estrangeiro seria na situação em que ocorresse um dano ao receptor (KANT, 2008). E, aqui, trata-se de dano concreto, não o mero risco de danos definidos por fatores discriminatórios. Assim, enquanto o estrangeiro se comportar amistosamente, não deve haver hostilidade. Isso porque, defende Kant, não existe *direito de hóspede*, mas um *direito de visita*, o qual é intrínseco a todo ser humano, pois todos possuem *o direito da propriedade comum da superfície da Terra*. Superfície esta que não é infinita, obrigando os que aqui vivem a fazê-lo da forma mais pacífica possível, pois ninguém possui mais direito do que o outro. Assim, em poucas palavras, essa é a argumentação utilizada para sustentar o direito cosmopolita como um direito da humanidade (KANT, 2008, p. 20).

Seyla Benhabib (2005 b, p. 35) interpreta a ideia sobre a propriedade comum sob a terra de Kant afirmando tratar-se do princípio da liberdade externa. Para Benhabib, a liberdade externa compreende a necessidade de cruzar as fronteiras e entrar em contato com pessoas de outra cultura. Quando ocorrer tal necessidade, deve-se reconhecer que existe uma distribuição do território em países. E, nesta ocasião, o direito se faz necessário para regular a relação entre as pessoas e entre os países, e que, entre essas condições a serem reguladas, encontra-se o direito a hospitalidade e permanência temporária.

Muitas críticas são feitas sobre o direito cosmopolita de Kant, principalmente porque, pelo contexto histórico da época, sua formulação sofreu influência do iluminismo e do período no qual os europeus buscavam novas partes do mundo para ampliar o comércio. Assim, não foi formulado tendo em vista as necessidades dos pobres, perseguidos e oprimidos que buscam um lugar seguro para a sobrevivência (BENHABIB, 2005b, p. 37); nem tampouco dos migrantes que possuem como motivação a busca por melhores condições de vida ou estão fugindo de desastres ambientais, ou dos refugiados que sofrem alguma perseguição. Dito de outra forma, não foi criado para enfrentar as dificuldades que as migrações enfrentam hoje. Sobretudo porque o pensamento kantiano leva em conta somente a questão da permanência temporária, o que se afasta muito da necessidade atual (BENHABIB, 2005 b , p. 37).

No entanto, é evidente que a teoria kantiana possui seu legado. Na visão da autora, *A Paz Perpétua* é um divisor de águas sobre os conceitos de soberania. Antes se falava em soberania westfaliana, passando a existir um conceito de soberania liberal após a obra (BENHABIB, 2005 b , p. 40).

Como visto, a soberania westfaliana entende que os Estados são livres e iguais, e representam a última autoridade sobre os sujeitos que vivem em seu território. As relações entre os Estados ocorrem de forma voluntária, limitada a alianças militares, econômicas, bem como de afinidade cultural.

Por outro lado, de acordo com a soberania liberal internacional, a igualdade entre os Estados depende da adesão aos direitos humanos e valores democráticos. Além disso, é possível a flexibilização da soberania no caso, por exemplo, de violação de normas de proteção aos cidadãos, fechamento de fronteiras, não cumprimento de normas de direitos humanos etc. Assim, a visão liberal da soberania e a possibilidade da sua atenuação foi uma importante contribuição da obra kantiana no que diz respeito a esta temática.

No entanto, a mitigação da soberania pode esbarrar na lógica da democracia moderna, sendo esse o paradoxo da legitimidade democrática. Isso porque as democracias modernas atuam em nome de princípios universais, os quais estão circunscritos em uma comunidade. O governo democrático é exercido em nome de uma comunidade específica e se obriga a essa comunidade. O problema é que o conceito de cidadania não é estendido a alguns grupos que residem na comunidade cívica, porque não estão abrangidos pelos critérios formais de identidade responsáveis por definir o conceito de povo (BENHABIB, 2005 b, p. 41-43).

Nesta medida, há que se defender um olhar cosmopolita de cidadania, a partir de iterações democráticas, conceito que se aproxima do agir comunicativo de Habermas, isto é, a cidadania deve ser constituída a partir da prática comunicativa, em que haja espaço para ouvir os *outros* que não são formalmente reconhecidos como cidadãos, e a chave disso seria a partir do Federalismo Cosmopolita (DE GODOY, 2016, p. 60)

Em seu artigo intitulado *Borders, Boundaries, and Citizenship*, Seyla Benhabib (2005a, p. 676) afirma que:

Essa visão incompleta do federalismo cosmopolita não se baseia em hostilidade ao Estado-nação; muito pelo contrário. Somente dentro de um quadro de modos transnacionais de cooperação, representação e colaboração é possível proteger os valores fundamentais da liberdade liberal e republicana, isto é, da autonomia privada e pública. O estado-nação é o lar do cidadão moderno. A reconfiguração da cidadania além das fronteiras do Estado-nação é necessária por desenvolvimentos que minem o Estado-nação, mesmo que sejam cegamente promovidos por ele também. O termo inócuo para esses desenvolvimentos é a globalização; o epíteto mais sinistro é o de "império". O federalismo cosmopolita é um projeto que tenta controlar as forças da globalização, resistindo ao avanço do império e fortalecendo o cidadão[22].

De certa forma, a autora atualiza o legado de Hannah Arendt e Kant ao afirmar que atualmente o direito a ter direitos significa o reconhecer que cada pessoa possui direito ao reconhecimento de sua personalidade independentemente de ser cidadão. Enquanto para Arendt a cidadania era a forma principal de alcançar o direito a ter direitos, o desafio posto para Benhabib (2005 b, p. 58) é um regime internacional que reconheça o direito a ter direitos independentemente da condição nacional do indivíduo.

---

[22] Livre tradução da autora. O original, em inglês, possui a seguinte redação: "This sketchy vision of cosmopolitan federalism is not based upon a hostility toward the nation-state; quite to the contrary. Only within a framework of sub- and transnational modes of cooperation, representation, and collaboration is it possible to protect the fundamental values of liberal and republican liberty, that is of private and public autonomy. The nation-state is the home of the modern citizen. The reconfiguration of citizenship beyond nation-state boundaries is necessitated by developments which themselves undermine the nation-state, even if they are blindly promoted by it as well. The innocuous term for these developments is globalization; the more ominous epithet is that of 'empire'. Cosmopolitan federalism is a project which attempts to rein in the forces of globalization while resisting the spread of empire and strengthening the democratic citizen".

A importância do acesso a direitos sociais: saúde e assistência social

A universalidade é um dos princípios fundamentais do Sistema Único de Saúde (SUS). Segundo este princípio, todas e todos devem ter acesso aos serviços públicos de saúde. A universalidade expõe a ideia de que a saúde é um direito dos indivíduos e um dever a ser cumprido pelo Estado. A equidade também é uma das bases principiológicas do sistema. O SUS tenta colocar em prática, inclusive, a igualdade material, oferecendo atenção especial a quem mais precisa. As diferenças nas condições de vida e de saúde bem como nas necessidades pessoais devem ser englobadas nos critérios de atendimento.

Estabelece, assim, um norte para as políticas de saúde, a partir do reconhecimento das necessidades de grupos sociais vulneráveis. Os programas específicos de saúde que levam em conta a diversidade da população, que contemplam as necessidades específicas das populações do campo e da floresta, dos negros, dos ciganos, das pessoas em situação de rua, dos idosos e das pessoas com deficiência, são exemplos da concretização do princípio da igualdade.

Embora o texto da Constituição Federal, no artigo 5º, condicione o direto do migrante a ter residência no país para ter acesso a direitos, a jurisprudência do Supremo Tribunal Federal, há muito tempo, bem antes de a lei de migração entrar em vigor, reconhece que não há diferenças entre o brasileiro e o migrante neste quesito. A residência no país não pode ser uma condição, por exemplo, para o imigrante ter acesso ao SUS, já que a saúde é um direito essencial de todas e todos e o princípio da universalidade rege o sistema. No HC 94.016 de 1995, o STF expõe o seu entendimento sobre o tema.

Frise-se que a necessidade de atendimento público de saúde à população é ainda mais urgente em uma pandemia, como a do COVID-19. Em países em que não há o acesso universal e igualitário, como é o caso dos Estados Unidos e de países da América Latina, como o Chile, o tratamento de saúde fica condicionado à condição financeira da pessoa, o que evidentemente limita a resposta do Estado no enfrentamento do problema sanitário (GUIMARÃES, 2020).

Outro ponto que merece destaque são as políticas de assistência social. A necessidade do isolamento social para que seja possível enfrentar a propagação do vírus do COVID-19 trouxe à tona o debate sobre a necessidade de políticas que instituem uma renda básica universal como estratégia de estabilização ou superação do capitalismo (AYERBE, 2020, p. 1).

O grande nível de precarização e de informalidade do mercado de trabalho denota as dificuldades e desigualdades que já existiam e foram aprofundadas com a pandemia; a renda básica universal é uma alternativa necessária para minorar os efeitos danosos da crise (NOGUEIRA *et al.*, 2020, p.6). No Brasil, a ideia de renda básica tem início na década de 1970. Porém, o primeiro projeto de lei surgiu apenas em 1991, por iniciativa do então senador Eduardo Suplicy. No entanto, mesmo com a aprovação no Senado, a proposta não foi votada na Câmara dos Deputados (NOGUEIRA *et al.*, 2020, p.5).

Com a pandemia do COVID-19, verificaram-se medidas de transferência de renda em diversos Estados, tanto no Norte como no Sul Global. O Congresso Nacional aprovou o auxílio emergencial, que deve ser destinado aos trabalhadores autônomos, informais, microempreendedores individuais e desempregados.

No contexto desta crise socioeconômica, nota-se, também, que a vulnerabilidade de alguns grupos se torna potencializada pela ausência de perspectivas. Entre estes grupos, estão os migrantes e refugiados, que foram atingidos diretamente pela crise atual, seja na maior restrição à mobilidade humana em razão do fechamento de fronteiras, seja na dificuldade de subsistência.

Destaca-se, neste sentido, a necessidade de proteção contra riscos, que são e sempre foram inerentes à conduta humana e à sociedade, mas que se tornaram urgentes com a pandemia em questão. A seguridade social possui função essencial no enfrentamento das crises e incertezas, pois é a proteção que o Estado proporciona aos membros da sociedade, a partir de medidas públicas, com o escopo de atenuar as privações econômicas e sociais, as quais podem impedir ou reduzir a subsistência mínima do indivíduo ou grupo de indivíduos (HORVATH JÚNIOR, 2008, p. 23).

De maneira sucinta, pode-se afirmar que a percepção da necessidade da garantia de condições materiais mínimas, de maneira sistêmica, se deu na Europa a partir do século XIX, a partir do apoio popular aos movimentos socialistas como forma de resistência aos meios de produção capitalista. Os direitos sociais introduzidos nas ordens constitucionais, cujo objetivo era assegurar condições mínimas de existência, foram essenciais para alavancar avanços na defesa da igualdade e da justiça social. Daí a importância e o estudo recorrente das primeiras constituições a garantir tais direitos: Constituição do México (1917), da República da Alemanha ou Constituição de Weimar (1919) e, no Brasil, a Constituição de 1934 (RAMOS, 2019, pp. 47-48).

A Organização Internacional do Trabalho (OIT), criada em 1919 pelo tratado de Versalhes como agência da Liga das Nações, foi a primeira organização internacional destinada à tutela de melhorias das condições dos trabalhadores e promoção da justiça social. Com a nova organização da sociedade internacional pós-Segunda Guerra Mundial e a internacionalização dos Direitos Humanos, destaque deve ser dado à Declaração Universal dos Direitos Humanos, a qual prevê um rol de direitos aceitos internacionalmente (RAMOS, 2019, p. 49).

Dentre o rol de direitos políticos e de liberdades civis, bem como de direitos econômicos, sociais e culturais, é especialmente relevante para este livro mencionar que a Declaração previu, em seu artigo XXII, o direito à segurança social, seja no âmbito interno aos Estados, seja no âmbito internacional, mediante cooperação. Esta segurança está atrelada aos direitos econômicos, sociais e culturais que são essenciais à dignidade e ao desenvolvimento como sujeito de direitos.

Para Tom Campbell (2003, p.1), o reconhecimento de que a pobreza é uma violação dos direitos humanos é um passo essencial para sua abolição através de uma estrutura internacional pautada, evidentemente, na garantia de direitos. Para o autor, a violação pode ocorrer de duas maneiras: a partir da conduta de certos atores, sendo a conduta a própria violação de direitos, ou, também, a partir de uma conduta omissiva, a inatividade em erradicá-la quando existe a possibilidade de fazê-lo (CAMPBELL, 2003, p. 6).

Como tentativa prática de cessar as violações de direitos humanos indicadas por Campbell, torna-se essencial investigar a capacidade dos benefícios assistenciais e programas de transferência de renda às pessoas que deles necessitarem. É preciso pensar e propor saídas para que os mais vulneráveis não fiquem privados de direitos, e o debate a respeito da transferência de renda como medida de atenuar os efeitos socioeconômicos impostos pela pandemia torna-se ainda mais urgente.

Nota-se que medidas de auxílio foram implementadas no Canadá, Reino Unido, Espanha e Itália. Sendo que alguns Estados, como Estados Unidos e Japão, discutiam a possibilidade de adoção de uma renda básica universal temporária como medida de estímulo à economia; e, no Japão, todos os cidadãos seriam beneficiados, independentemente da nacionalidade ou renda. Já nos Estados Unidos, para receber o benefício de US$ 1.200 e US$ 500 adicionais por criança, em parcela única, a renda anual tem que ser de até US$ 75 mil. As pessoas com rendimento anual de até US$ 99 mil receberiam o benefício proporcionalmente menor (FREIRE *et al.*, 2020, p. 1).

Países da América Latina também adotaram medidas para atenuar os efeitos da crise, como é os casos da Argentina, que criou programa emergencial de renda familiar consistente na transferência de uma parcela única de 10 mil pesos; do Chile, que criou um fundo para distribuição de recursos e criação de empregos para beneficiar trabalhadores do setor informal; da Colômbia, que criou um programa de transferências de renda direta para famílias que não fazem parte dos programas regulares de auxílio de renda familiar; e, no Peru, o governo fornecerá um subsídio de PEN 760 (US$ 224,2) para famílias em situações de pobreza ou extrema pobreza nas áreas rurais (FREIRE *et al.*, 2020, p. 2).

No Brasil, o Congresso Nacional aprovou o auxílio emergencial, benefício financeiro destinado aos trabalhadores informais, microempreendedores individuais, autônomos e desempregados, no valor de R$ 600,00, que é pago por três meses para até duas pessoas da mesma família. Nota-se que para as famílias em que a mulher seja a única responsável pelas despesas da casa, o valor pago mensalmente será de R$1.200,00 (PLANALTO, Lei nº 13.982 de 2 de abril de 2020).

Se antes da pandemia já havia uma preocupação com o direito de ingresso do imigrante, a situação se agravou após este contexto, em razão, sobretudo, da restrição de atravessamento de fronteiras, medida imposta por diversos Estados para conter a disseminação do vírus.

Tão importante quanto defender o direito de entrada do imigrante e refugiado em território brasileiro é sustentar que este indivíduo ou grupo de indivíduos deve ter acesso aos serviços essenciais.

Especificamente sobre o refúgio, não é demais lembrar que o ACNUR obriga os países a promoverem soluções duráveis como meio de proteção ao refugiado. São três as soluções duráveis: a integração local, a repatriação voluntária e o reassentamento. A repatriação voluntária é o retorno voluntário do refugiado ao seu país de origem. O reassentamento consiste no movimento organizado de refugiados para um terceiro país. E, por fim, a solução durável que se mostra mais interessante é a integração local.

Silva e Madureira (2016, p. 4)) entendem que a decisão de implementar a integração local do refugiado pode ser discricionária. No entanto, a própria Convenção 51 menciona de forma implícita a necessidade de facilitação da integração local do refugiado na medida em que lhe assegura uma série de direitos como direito à educação, ao trabalho e aos serviços de saúde.

Assim, como forma de possibilitar a sua permanência digna, é essencial a compreensão de que aos refugiados, população que possui diversas vulnerabilidades, das quais a econômica pode levantar barreiras ao seu pleno desenvolvimento e fruição de direitos, é extremamente necessária a concessão do auxílio emergencial como forma de integração local, benefício este que não deve ficar restrito ao refugiado com status reconhecido, mas que deve ser estendido ao solicitante de refúgio.

A Lei de Migração, em sintonia com a Constituição Federal de 1988 e com os Tratados Internacionais, é responsável por tutelar de forma expressa os direitos dos migrantes. Na seção II da Lei, há um rol de princípios e garantias, e entre eles, o legislador previu expressamente, no artigo 3º, inciso XI, o *"acesso igualitário e livre do migrante a serviços, programas e benefícios sociais, bens públicos, educação, assistência jurídica integral pública, trabalho, moradia, serviço bancário e seguridade social"*. E, ainda, garante no artigo 4º, inciso VIII, *"o acesso a serviços públicos de saúde e de assistência social e à previdência social, nos termos da lei, sem discriminação em razão da nacionalidade e da condição migratória"*.

O direito à assistência social abrange todos os imigrantes, independentemente da sua condição migratória, se regular, isto é, com autorização de residência, ou irregular, sem autorização de residência, o que se depreende da leitura do artigo 4º, inciso VIII, da Lei de Migração.

Qualquer imigrante, independentemente da sua condição migratória, deve ter acesso ao Auxílio Emergencial. No que diz respeito aos refugiados, eles também não ficam à margem desse direito. Por ser uma importante forma de integração local, os refugiados ou solicitantes de refúgio também podem e devem ter acesso ao benefício.

Direito à educação

A plena integração do imigrante e do refugiado depende do trabalho conjunto entre Estado e sociedade civil. É essencial que o Estado atue positivamente para que os imigrantes tenham acesso aos direitos sociais, principalmente pela não discriminação do acesso a esses direitos.

Nesse sentido, ao imigrante deve ser assegurado o *direito à educação pública, vedada a discriminação em razão da nacionalidade e da condição migratória*, segundo o artigo 4º, inciso X, da Lei de Migração.

Segundo o Banco Interativo com números da imigração internacional para o Brasil, dados de 2019 apontam que há 130.067 imigrantes matriculados na rede escolar em todo o país. Grande parte dessas pessoas está no Estado de São Paulo, que conta com 30.340 estudantes, sendo que apenas na cidade de São Paulo há 17.787 matriculados (OBSERVATÓRIO DAS MIGRAÇÕES, 2020).

Independentemente do local em que o imigrante estiver, deve ser assegurado o direito à educação com o rompimento e a superação de todas as barreiras, como linguísticas, econômicas e inclusive documentais, como ausência de documento de identidade válido, o que não pode consistir em impedimento para a concretização deste direito.

As políticas afirmativas de instituição de cotas para refugiados em universidades merecem destaque. O acesso ao ensino superior é, sem dúvida, uma importante medida para a integração social através da educação, e para garantir o alcance de postos de trabalho. O tema se torna ainda mais relevante ao atentar para o fato de que a procura pelo ingresso nas universidades é uma demanda real dos migrantes, porém muitos enfrentam obstáculos, seja na questão de validação de diplomas, certificados e atestados de capacitação profissional, ou até mesmo para o ingresso ou a manutenção nos cursos.

A Lei Estadual Paulista nº 16.685/2018 estabelece isenção do pagamento de taxas para a revalidação de diplomas de graduação, pós-graduação, mestrado, doutorado e pós-doutorado nas universidades do Estado de São Paulo aos refugiados domiciliados no Estado, o que representa uma importante iniciativa.

Entretanto, a isenção apenas abrange os refugiados e não todos os tipos de migrantes. Outro ponto que a lei poderia ter regulado, mas não o fez, é o trâmite para a revalidação que costuma ser burocrático e demorado; isso porque a rapidez da análise é importante para a inserção do migrante no sistema de ensino e a retomada da sua vida profissional.

A representatividade e o direito ao voto: uma conquista necessária

Para Donatella Di Cesare (2020, p. 95-97), o mito da propriedade privada da Terra deve ser desfeito. Sim, esse mito da propriedade é um dos grandes pilares que sustam a defesa das fronteiras do imigrante que quer atravessá-las. E, por isso, expulsar o imigrante seria legal e legítimo, pois os cidadãos são proprietários desse solo. Assim, a autora chama a atenção para a ligação entre a soberania estatal e a propriedade privada, que seria a posse da Terra.

O direito à participação política do imigrante seria uma forma de desfazer o mito.

Apesar do rol extenso de direitos garantidos ao migrante no Brasil, existe um importante direito que, infelizmente, não foi contemplado. Esse direito é o direito à participação política através do voto.

No Brasil, o voto é obrigatório aos maiores de 18 anos e facultativo para os adolescentes a partir de 16 anos, para os maiores de 70 e para os analfabetos. A Constituição Federal é expressa ao afirmar que os imigrantes não podem se alistar como eleitores, sendo a nacionalidade brasileira uma condição para elegibilidade, isto é, para se candidatar à ocupação de um cargo político nas eleições.

Entende-se que mais do que o direito a ocupar cargos políticos, ao imigrante deve ser consagrado o direito de voto. Apenas contemplado com o direito de participação política é que os seus anseios de participação social e elaboração de políticas públicas teriam a chance de serem ouvidos diretamente, sendo possível, assim, exercer a cidadania. Em São Paulo, há uma abertura restrita para a participação política dos imigrantes por meio de vagas destinadas a imigrantes em conselhos de subprefeituras, por exemplo. Porém, não é suficiente. Mais uma vez, a nacionalidade é utilizada como um fator de exclusão. A realidade do país é isolada, pois é o único da América do Sul que não permite a participação dos imigrantes no sistema eleitoral, o que seria um passo importante para o reconhecimento completo dos imigrantes como cidadãos. O silêncio político não deve prevalecer ante o direito de atravessar fronteiras e ser reconhecido como cidadão do mundo.

A limitação da cidadania ao migrante é uma diferenciação que não pode mais ser aceitável, pois o migrante possui vínculos mais intensos ao local em que está do que com o seu país de nacionalidade. A diferenciação faria sentido se o migrante fosse tratado como um problema de segurança nacional, entendimento que foi superado com a entrada em vigor da lei de migração. Além disso, não é o direito ao voto que vai trazer problemas afetos à segurança nacional (VEDOVATO *et al.*, 2018, p. 131).

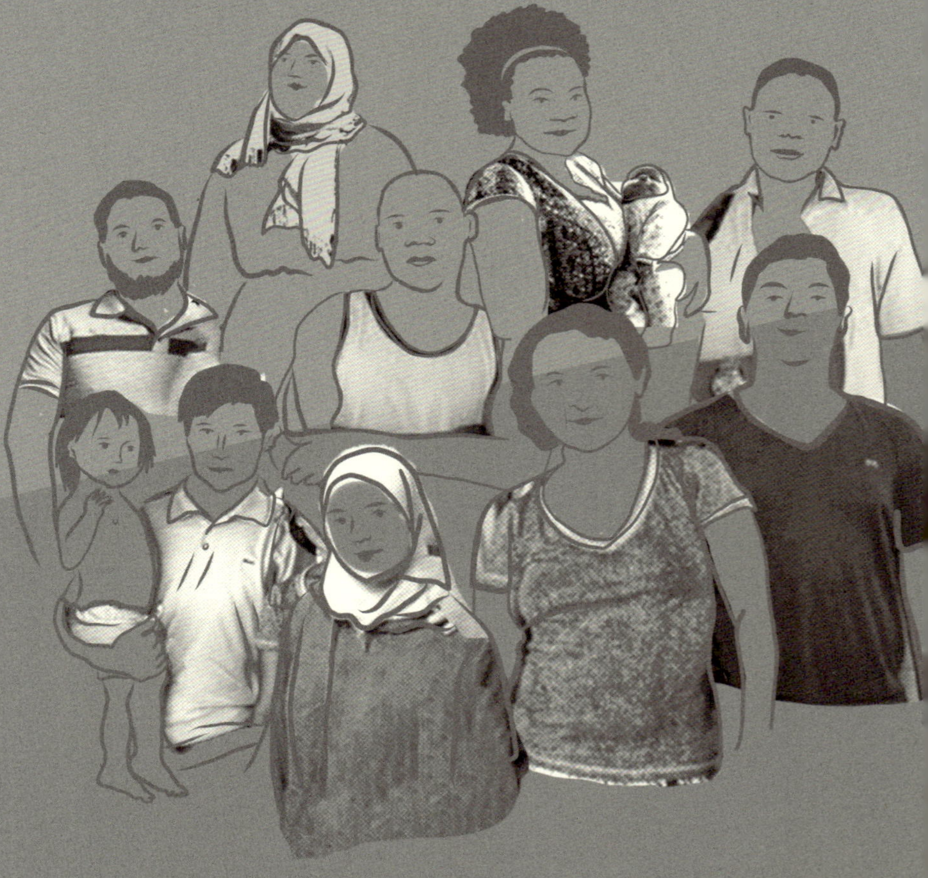

CAPÍTULO 4 – SOMOS TODOS IMIGRANTES

Tipos de imigração no Brasil

A OIM possui um mapeamento[23] da migração mundial, o qual revela que, até o ano de 2020, foram contabilizados 280,6 milhões de migrantes em todo o mundo. Segundo o mesmo banco de dados, os países que mais recebem os migrantes são os Estados Unidos da América com 50,6 milhões de migrantes, a Alemanha com 15,8 milhões, a Arábia Saudita com 13,5 milhões, seguidos da Rússia com 11,6 milhões e do Reino Unido com 9,4 milhões (OIM a, 2021). Dados de 2020 apontam que os migrantes representam 3,6% da população mundial. As mulheres representam 48,1% dos migrantes em todo o mundo. A América Latina possui um total de 10,9 milhões de migrantes, representando 2,5% da sua população. Os países que possuem os números mais elevados na região são a Argentina com 2,3 milhões, seguida da Colômbia com 1,9 milhões, do Chile com 1,6 milhões, e da Venezuela e do Peru, ambos os países com 1,2 milhões (OIM a, 2021).

Segundo o Banco Interativo do Observatório das Migrações em São Paulo[24], o Brasil possui 1,5 milhões de imigrantes registrados no país. A maioria destes imigrantes é da Venezuela, do Haiti e da Bolívia. São Paulo é o município com mais imigrantes: são 367.043. Em segundo lugar, está o Rio de Janeiro com 143.832 imigrantes.

No que diz respeito ao refúgio, até 5 de novembro de 2020, havia 187.280 solicitações ativas. A principal nacionalidade que solicita refúgio, de acordo com dados de 2020, é a Venezuela, com 98.775 pedidos. Em seguida o

---

[23] Os dados podem sem encontrados em: https://migrationdataportal.org/data?t=2017&i=stock_abs Acesso em 03/04/2021.

[24] OBSERVATÓRIO DAS MIGRAÇÕES. Banco de Dados Interativo. Imigrantes Internacionais Registrados. Disponível em: https://www.nepo.unicamp.br/observatorio/bancointerativo/numeros-imigracao-internacional/sincre-sismigra/ Acesso em 03/04/2021.

Haiti, com 34.691, e Cuba, com 10.472 (OBSERVATÓRIO DAS MIGRAÇÕES b, 2021).

Para entender a dinâmica dos fluxos migratórios, é necessário analisar a conjuntura econômica, social e geopolítica do Brasil e do mundo, dada a complexidade do fenômeno e os diversos aspectos que podem motivar o deslocamento de pessoas pelo mundo, como conflitos, crise política, crise econômica, desastres ambientais, entre outros.

Até os anos 1930, as pessoas do Norte Global, majoritariamente europeus, pertenciam aos principais fluxos migratórios no Brasil. Isso se deu, dentre outros fatores, em razão da crise econômica e política vivida pela Europa, como as grandes guerras mundiais, bem como pelo incentivo do governo brasileiro.

Esse panorama se altera no começo do século XIX, período em que há uma intensificação da vinda de imigrantes provenientes do Sul Global, como, por exemplo, senegaleses, congoleses, angolanos, haitianos, entre outros. Dentre estas nacionalidades, destacam-se os imigrantes senegaleses, que chegaram a ser a segunda nacionalidade com maior movimentação no mercado de trabalho formal, só ficando atrás dos haitianos. Assim, entre 2010 e 2015, a migração Sul-Sul foi o principal fluxo presente no país.

Dois fatores podem ter colaborado para o maior incremento da migração Sul-Sul segundo a literatura, como, por exemplo, a crise econômica internacional dos Estados Unidos e, por outro lado, o desenvolvimento econômico e social do Brasil, o que elevou o país ao patamar de potência emergente, participante do BRICS[25] (CAVALCANTI e OLIVEIRA, 2020, p. 8).

---

[25] No qual integram Brasil, Rússia, Índia, China e África do Sul, com o objetivo de cooperação jurídica internacional e financeira entre os Estados participantes.

Além disso, em 2010, o terremoto no Haiti deixou milhares de pessoas desabrigadas no país e, a partir daquele momento, há uma intensificação da migração para os países da região latina, dentre os quais o Brasil. Foi então que se criou o Visto Humanitário através da Resolução Normativa nº 97/12 de 12.01 de 2012 para imigrantes do Haiti, expedida pelo Conselho Nacional de Imigração (CNig). Em termos práticos, os haitianos recebem um protocolo de solicitação de refúgio após o registro na Polícia Federal, que equivale a um documento de identidade. Com este documento, é possível abrir conta em banco, expedir carteira de trabalho e realizar o Cadastro das Pessoas Físicas (CPF) perante a Receita Federal, até a decisão do Comitê Nacional para os Refugiados (CONARE).

Importante mencionar também a imigração síria que tem início em 2011 quando começa a guerra na Síria, dentro do contexto da Primavera Árabe. O conflito deixou centenas de milhares de pessoas mortas e feridas, milhões de pessoas refugiadas em países vizinhos como Líbano, Jordânia e Iraque, e outras milhões deslocadas internamente (CICV, 2021). O Brasil possui atualmente 6.118 registros de pessoas da nacionalidade Síria no país, sendo a maioria do sexo masculino. Foi a partir de 2013 que o número de registros aumentou, atingindo a marca dos 1.000 ingressantes, só no ano de 2017 (OBSERVATÓRIO DAS MIGRAÇÕES a, 2021).

Em razão da notoriedade do conflito da Síria, o Brasil permitiu a entrada dos sírios através da Resolução Normativa nº 17 de 2013 do CONARE, e concedeu visto por razões humanitárias aos indivíduos que manifestaram vontade de buscar refúgio no Brasil. Assim, os solicitantes recebiam um protocolo de solicitação de refúgio, documento que possibilita a permanência até decisão do CONARE.

Tanto no caso dos haitianos como no dos sírios, a solução dada pelo Brasil é similar ao conceder refúgio por razões humanitárias. Importante lembrar que naquele momento a Lei de Migração ainda não estava em vigor, sendo que esta foi uma resposta diante da urgência e necessidade do deslocamento dessas populações.

Foi a partir do ano de 2015 que houve um incremento da imigração latino-americana, em razão da vinda de haitianos, que já contavam com o visto humanitário, venezuelanos e nacionais de outros países latinos como Cuba, Peru, Bolívia e Colômbia.

Como visto, atualmente os venezuelanos são a nacionalidade com maior número no Brasil. A vinda de imigrantes venezuelanos a partir de 2017 ocorreu devido à crise econômica e política da Venezuela, sendo o Brasil um dos países mais procurados em razão da proximidade geográfica e de possuir mecanismos legais que favorecem a maior acolhida do imigrante.

Nesse sentido, é importante mencionar a Operação Acolhida, que se iniciou em 2018. Trata-se de uma iniciativa do governo federal executada e coordenada com apoio da Agência das Nações Unidas para Refugiados (ACNUR) e entidades da sociedade civil, que tem por escopo a assistência emergencial aos imigrantes e refugiados venezuelanos que entram no Brasil pela fronteira com o Estado de Roraima (GOV c, 2021).

Esta operação pauta-se em três eixos. O primeiro consiste no ordenamento da fronteira, através de ações como recepção, identificação dos imigrantes, fiscalização sanitária, imunização e regularização da situação migratória. Neste momento, eles podem solicitar autorização de residência ou refúgio, se for o caso, bem como emitir CPF e carteira de trabalho. Também têm direito a atendimento social e proteção e defesa de direitos. Além disso, há um posto de atendimento avançado que visa prestar atenção médica de emergência a quem precise (GOV c, 2021).

O segundo eixo consiste no acolhimento do imigrante através da oferta de abrigo, alimentação e atenção à saúde. Foram montados 13 abrigos em Roraima, para famílias, pessoas solteiras ou povos originários. Nestes abrigos, são fornecidas três refeições por dia, além de kits de higiene pessoal e limpeza, aulas de português e atividades recreativas para crianças (GOV c, 2021).

Por fim, o último eixo é o da interiorização, que diz respeito ao deslocamento de imigrantes e refugiados para outros Estados do Brasil. Apenas os imigrantes e refugiados que estiverem com sua situação migratória regular e manifestarem interesse é que podem participar da interiorização. É muito importante, então, que o imigrante queira participar desta iniciativa que tem como objetivos a inserção socioeconômica em outros Estados e a diminuição da pressão dos serviços públicos do Estado de Roraima. Desde o início do projeto, em abril de 2018, até janeiro de 2020, 30 mil pessoas foram interiorizadas para mais de 400 cidades brasileiras em diversos Estados (GOV c , 2021).

Em 2020, uma nova situação se instaura com a pandemia do COVID-19 e cria desafios para os fluxos migratórios internacionais que são diretamente afetados pelas políticas de fechamento das fronteiras. Se antes da pandemia já havia uma preocupação com o direito de ingresso do imigrante, a situação se agravou após este contexto. Segundo dados do Observatório das Migrações Internacionais (OBMigra), a vida dos imigrantes e refugiados no país foi diretamente afetada.

As fronteiras do Brasil tiveram o movimento drasticamente afetado durante os primeiros seis meses da pandemia.

O volume médio mensal de movimentos de entrada e saída, no ano de 2019, era de quase 2,5 milhões de pessoas; em abril e maio de 2020, esse número ficou em torno de 90 mil, e, em junho e julho, 40 mil (CAVALCANTI E OLIVEIRA, 2020). Os registros migratórios de imigrantes no país também sofreram queda, atingindo os menores valores em 20 anos. A migração de caráter permanente foi a mais impactada, bem como as solicitações de refúgio que caíram a níveis semelhantes ao início de 2010, antes do aumento dos fluxos de refugiados do Haiti, Síria e Venezuela, por exemplo (CAVALCANTI E OLIVEIRA, 2020).

Mesmo em tempos de pandemia, não se pode negar a vigência dos princípios da não devolução, pois, além de violar Direitos Humanos, colocaria as pessoas em órbita, a procura de um Estado que as receba, contribuindo, inclusive, com a disseminação do vírus (CONECTAS, 2020, p.2).

Além disso, em nota técnica, entidades da sociedade civil, especializadas e atuantes no âmbito do Direito Migratório e do Direito Internacional das Pessoas Refugiadas, afirmaram que é de extrema importância que as medidas tomadas pelas autoridades brasileiras, como reação à pandemia da COVID-19, não tenham caráter discriminatório contra populações em situação de vulnerabilidade e que contam com a acolhida do Estado brasileiro. Além disso, a proteção internacional às pessoas que dela necessitam é extremamente necessária, independentemente da nacionalidade[26] ou de quaisquer outras razões de discriminação (CONECTAS, 2020, p.5).

---

[26] Em 17 de março e 2020, foi publicada a portaria nº 120/2020, restringindo a entrada de venezuelanos ao Brasil. Tal portaria tem caráter flagrantemente discriminatório e atentatório aos Direitos Humanos. Texto da portaria disponível em: <http://www.in.gov.br/web/dou/-/portaria-n-120-de-17-de-marco-de-2020-248564454>. Acesso em 20/06/2020.

Livre circulação e o direito de ingresso

Os dispositivos transcritos abaixo estão no Título I – "Da Aplicação", do diploma do Estatuto do Estrangeiro, Lei nº 6.815, de 19 de agosto de 1980, que foi revogado no ano de 2017, pela Nova Lei de Migrações, Lei nº 13.445/2017.

> *Art. 2º Na aplicação desta Lei atender-se-á precipuamente à segurança nacional, à organização institucional, aos interesses políticos, sócio-econômicos e culturais do Brasil, bem assim à defesa do trabalhador nacional.*
>
> *Art. 3º A concessão do visto, a sua prorrogação ou transformação ficarão sempre condicionadas aos interesses nacionais.*

Referidos dispositivos representavam a síntese do Estatuto do Estrangeiro, um diploma que privilegiava a segurança nacional e os interesses do Brasil, bem como a defesa do trabalhador brasileiro. O diploma, que até 2017 era o responsável por definir a situação jurídica do migrante no Brasil, visava proteger não o migrante, mas, sim, a segurança do país.

A palavra *estrangeiro* traz a noção do estranho, da diferenciação entre *nós* e os *outros*, isto é, de quem é merecedor da proteção jurídica e quem deve ficar excluído desta proteção, ou, talvez, a quem o ordenamento jurídico e as instituições devem ficar sempre atentos, pois o *estranho* pode subverter a ordem ou a segurança nacional a qualquer momento. Nota-se, portanto, que o Estatuto do Estrangeiro era regido sob a lógica da exclusão. Estrangeiro é quem possui uma nacionalidade distinta dos cidadãos e, portanto, não possui os mesmos direitos que os nacionais.

O Estatuto do Estrangeiro entrou em vigor no período da ditadura civil-militar brasileira, no contexto mundial de Guerra Fria. Assim, o estrangeiro possuía dois significados, tanto aquele cidadão brasileiro *subversivo* (SPRANDEL, 2015, p. 147), quanto os migrantes de ideologia de esquerda ou os provenientes dos Estados socialistas (DE MORAES, 2016. p. 123); ambos poderiam entrar potencialmente em relação e ameaçar o regime ditatorial e a *segurança nacional*.

O Estatuto do Estrangeiro, no artigo 16, parágrafo único, afirmava que imigração tem como objetivo o fornecimento de mão de obra especializada, com vistas à Política Nacional de Desenvolvimento, principalmente para o aumento da produtividade, assimilação de tecnologia e captação de recursos para setores específicos. O diploma foi responsável por criar o Conselho Nacional de Imigração (CNig), vinculado ao Ministério do Trabalho, a quem foi designada a incumbência de orientar, coordenar e fiscalizar as atividades de imigração, nos termos do artigo 128.

Por sua vez, o artigo 26 afirmava que a concessão de visto se trata de mera expectativa de direito, podendo a entrada, estadia ou registro do estrangeiro ser impedido, dentre outras hipóteses, no caso de o indivíduo ser considerado nocivo à ordem pública ou aos interesses nacionais, sem, no entanto, especificar quais eram esses interesses.

Soma-se a essa condição, a previsão de que a autoridade consular poderia registrar no visto a atividade a ser exercida pelo imigrante bem como a região de estadia, condicionando o imigrante a um duplo *confinamento legal: tanto de atividade laborativa quanto de residência* (DE MORAES, 2016, p.128-129).

A deportação, que consiste na saída compulsória do estrangeiro, era prevista nos artigos 57 e seguintes, e se dava no caso de entrada irregular de estrangeiro e se este não se retirar voluntariamente dentro do prazo fixado em Regulamento, que poderia ser dispensado se conveniente aos interesses nacionais, conforme §2º do artigo 57. Ainda, era possível a prisão administrativa do deportando pelo prazo de 60 dias, não podendo exceder 90 dias, por ordem do Ministro da Justiça.

A expulsão, prevista no artigo 65 e seguintes, era considerada um direito do Estado, a ser exercido pelo Presidente da República, nas hipóteses em que o estrangeiro atentasse contra a segurança nacional, ordem pública ou social, bem como colocasse em risco a tranquilidade ou a moralidade pública e a economia popular. Novamente, o artigo também mencionava a conveniência e os interesses nacionais, sem delimitar o que seriam esses interesses.

Outra hipótese de expulsão se daria nos casos de existência de *indícios sérios de periculosidade ou indesejabilidade*, como prática de vadiagem ou mendicância, ou fraudar a entrada no país. O ato de expulsão, ainda, era exercido em juízo de discricionariedade, isto é, em que são analisadas a *conveniência e oportunidade*. E, como visto, segundo a gramática do Estatuto, se distanciava e muito dos Direitos Humanos.

O Estatuto do Estrangeiro foi aprovado sob forte oposição, tanto por parte de parlamentares, quanto por setores da sociedade como: Conferência Nacional dos Bispos do Brasil (CNBB), Ordem dos Advogados do Brasil (OAB), Associação Brasileira de Imprensa (ABI), Sociedade Brasileira para o Progresso da Ciência (SBPC), Anistia Internacional, além de um documento entregue ao presidente da Câmara dos Deputados com mais de 17 mil assinaturas contra a Lei dos Estrangeiros (SPRANDEL, 2015, p. 153). Após 3 meses de aprovação do Estatuto do Estrangeiro, o padre italiano Vito Miracapillo é expulso do país, sob acusação de um deputado estadual de Pernambuco, estado em que trabalhava, por ter se recusado a celebrar missas em comemoração ao dia da independência (IHU, 2012).

E o que muda com a Lei de Migração? Muita coisa! Em 21 de novembro de 2017, entrou em vigor a Nova Lei de Migração (NLM), Lei nº 13.445/2017, após período de tramitação do Projeto de Lei proposto pelo senador Aloysio Nunes Ferreira (PSDB-SP), o qual contou com ampla participação da academia, sociedade civil e partidos de oposição. O resultado, portanto, que culminou com a aprovação da NLM, representou um importante consenso entre os atores que durante anos discutiram e estudaram como tratar a temática migratória.

A nova lei, em seus 125 artigos, representa um marco jurídico das migrações, cujo eixo central é a proteção dos direitos humanos e o reconhecimento da universalidade, indivisibilidade e interdependência dos direitos humanos como princípio fundamental da política migratória brasileira, o que não poderia ser diferente, tendo em vista que o vetor axiológico da Constituição de 1988 é a proteção da dignidade da pessoa humana, conforme previsto expressamente no seu artigo 1º, inciso III (RAMOS, 2019).

A regulação pautada nos direitos humanos cria a possibilidade de que o Brasil se beneficie do multiculturalismo e cria deveres ao Estado de proteção do migrante para resguardar o direito de ser tratado como sujeito de direitos na sociedade em que está inserido ou pretende se inserir, ficando a salvo de eventuais vulnerabilidades e explorações (RAMOS, 2019).

Como o próprio nome indica, o novo diploma jurídico dispõe sobre regras protetivas para o imigrante, isto é, o indivíduo de outro país que está no Brasil, como também para o emigrante, brasileiro que vive no exterior, além de dispor sobre o residente fronteiriço, o visitante e o apátrida (art. 1º, §1º, Lei nº 13.445/2017). Assim, nota-se que o diploma ultrapassa o espaço territorial para viabilizar a proteção do nacional que esteja fora do âmbito de proteção do território brasileiro.

É evidente que com a promulgação da Constituição de 1988 e com a celebração pelo Brasil de tratados sobre Direitos Humanos, antes da vigência da Lei nº 13.445/2017, a proteção do migrante já era reconhecida. Contudo, o marco legal da Nova Lei de Migração é importante porque este diploma cria a possibilidade de garantir maior efetividade na proteção do migrante, sobretudo no que diz respeito à atuação dos órgãos públicos no seu dever tanto negativo ou abstencionista (direitos de primeira geração) quanto positivo (direitos de segunda geração).

Importante também chamar atenção para o fato de que há, na Nova Lei, a previsão de uma série de princípios e diretrizes em sintonia com a gramática dos direitos humanos, como, por exemplo, a inviolabilidade do direito à vida, à liberdade, à igualdade, à segurança e à propriedade, bem como direitos e liberdades civis, sociais, culturais e econômicos (art. 4º, inciso I).

Nos vinte e dois incisos do artigo 3º, o qual prevê princípios e diretrizes da Lei nº 13.445/2017, há a menção expressa da universalidade, indivisibilidade e interdependência dos Direitos Humanos (inciso I), repúdio e prevenção à xenofobia, ao racismo e a quaisquer formas de discriminação (inciso II), e destaque especial a previsão expressa da não criminalização da migração (inciso III). Além disso, há regra geral sobre vedação da discriminação em razão dos critérios ou procedimentos pelos quais a pessoa adentrou em território nacional (inciso IV), e o repúdio a práticas de expulsão ou deportação coletivas (XXII).

Uma grande inovação da Lei foi a criação da autorização de residência, prevista no artigo 30 da lei. Esta autorização pode ser concedida ao indivíduo que queira permanecer no Brasil para estudar, realizar pesquisa, tratar da saúde, trabalhar, praticar atividade religiosa ou serviço voluntário e realizar investimento.

Além destas hipóteses, duas merecem destaque, pois são bem recorrentes. A autorização de residência para fins de acolhida humanitária visa alcançar as hipóteses de grave violação de direitos humanos que não se enquadram nas definições do instituto do refúgio, por exemplo. E, também, a autorização de residência para fins de reunião familiar para cônjuge ou companheiro, filho, pais, avós e irmãos, e ao imigrante que possua filho brasileiro ou que tenha brasileiro sob sua tutela ou guarda.

A lei prever regras protetivas assegura, desta forma, que a regra é direito do imigrante de atravessar a fronteira e se estabelecer no Brasil, o que significa ter acesso a direitos e políticas públicas. Por esse motivo, inclusive, que definiu as medidas de retirada compulsória como medidas excepcionais, que devem ser utilizadas em estrita observância legal.

A seção II da Lei nº 13.445/2017 dispõe sobre o impedimento de ingresso, assegurado, no parágrafo único do artigo 45, que ninguém poderá ser impedido de ingressar no país por motivo de raça, religião, nacionalidade, grupo social ou opinião política.

São três as medidas de retirada compulsória previstas no novo diploma legal: repatriação, deportação e expulsão, que de acordo com o artigo 47, serão feitas preferencialmente, para o país de nacionalidade, de procedência do migrante, ou para outro que o aceite. Reproduzindo os princípios constitucionais, o artigo 48 prevê, nos casos de deportação ou expulsão, o respeito à ampla defesa e ao devido processo legal nos procedimentos judiciais que podem ser instaurados a partir de representação do Chefe da Polícia Federal ao juízo Federal.

Sobre a definição dos institutos, em linhas gerais, tem-se que a repatriação é a devolução da pessoa em situação em impedimento ao país de nacionalidade ou do qual ela veio. Na repatriação, o indivíduo não chega a ingressar no país, é barrado, pois apresenta uma das situações de impedimento do artigo 45 da Lei de Migração[27].

A comunicação é por meio da autoridade consular, mediante ato fundamentado, e a Defensoria Pública deve ser notificada para acompanhar a medida administrativa, garantindo o acesso à justiça. É vedada a repatriação à pessoa em situação de refúgio ou apatridia, ao menor de dezoito anos desacompanhado ou separado de sua família, ou a quem necessite acolhida humanitária. Fica vedada, também, a devolução para país que possa apresentar risco

---

[27] *Art. 45. Poderá ser impedida de ingressar no País, após entrevista individual e mediante ato fundamentado, a pessoa:*
I - anteriormente expulsa do País, enquanto os efeitos da expulsão vigorarem; II - condenada ou respondendo a processo por ato de terrorismo ou por crime de genocídio, crime contra a humanidade, crime de guerra ou crime de agressão, nos termos definidos pelo Estatuto de Roma do Tribunal Penal Internacional, de 1998, promulgado pelo Decreto nº 4.388, de 25 de setembro de 2002; III - condenada ou respondendo a processo em outro país por crime doloso passível de extradição segundo a lei brasileira; IV - que tenha o nome incluído em lista de restrições por ordem judicial ou por compromisso assumido pelo Brasil perante organismo internacional; V - que apresente documento de viagem que: a) não seja válido para o Brasil; b) esteja com o prazo de validade vencido; ou c) esteja com rasura ou indício de falsificação; VI - que não apresente documento de viagem ou documento de identidade, quando admitido; VII - cuja razão da viagem não seja condizente com o visto ou com o motivo alegado para a isenção de visto; VIII - que tenha, comprovadamente, fraudado documentação ou prestado informação falsa por ocasião da solicitação de visto; ou IX - que tenha praticado ato contrário aos princípios e objetivos dispostos na Constituição Federal. Parágrafo único. Ninguém será impedido de ingressar no País por motivo de raça, religião, nacionalidade, pertinência a grupo social ou opinião política.

à vida, à integridade ou à liberdade, previsão similar ao princípio da proibição de rechaço ou princípio do *non-refoulement*, consagrado na Convenção de 1951, relativa ao Estatuto dos Refugiados.

Por outro lado, a deportação é cabível se, após regular procedimento administrativo, ficar provado que a pessoa se encontra em situação migratória irregular, nos termos do art. 50, NLM. Como se trata de procedimento administrativo, é necessária também prévia notificação pessoal ao deportando, que indique quais são as irregularidades que impedem a permanência em território nacional.

Haverá concessão de prazo para a regularização, o qual não pode ser inferior a sessenta dias, cabível prorrogação.

Importante ressaltar que a lei não impede a livre circulação em território nacional no caso de tramitar procedimento administrativo de deportação. Nesse caso, no entanto, o deportando deve informar seu domicílio e suas atividades.

Por fim, tem-se o instituto jurídico da expulsão, medida de retirada compulsória no caso de condenação pela prática de crime de *jus cogens*, isto é, genocídio, contra a humanidade, crime de guerra ou de agressão, conforme definição do Estatuto de Roma do Tribunal Penal Internacional. A segunda hipótese se dá no caso de crime comum doloso, passível de pena privativa de liberdade.

Segundo previsão expressa, para dar causa à expulsão, deve haver sentença condenatória dos crimes, com trânsito em julgado, consagrando, portanto, o princípio constitucional da presunção da inocência, nos termos do art. 54. Além disso, a Nova Lei de Migração conjuga o instituto com o impedimento de reingresso por prazo determinado.

Observa-se, portanto, que não há mais a hipótese de se expulsar o migrante por motivação genérica de *ofensa à ordem pública* (ACCIOLY et al., 2019, p. 516). Ressalta-se, ademais, que não caberá expulsão quando a medida configurar extradição inadmitida pela legislação brasileira.

Além disso, quando o expulsando tiver filho brasileiro sob sua dependência, cônjuge ou companheiro residente no Brasil, tiver ingressado no país até os doze anos de idade residindo desde então e, por fim, se for pessoa com mais de setenta anos e que resida no país há mais de dez anos (art. 55).

Tanto na expulsão quanto na deportação, a lei prevê o acompanhamento do procedimento pela Defensoria Pública que será notificada para tutelar os direitos do expulsando ou deportando. Os princípios do contraditório e da ampla defesa foram novamente previstos, bem como o direito ao duplo grau, em que, no caso da deportação, o recurso terá efeito suspensivo, e, no caso da expulsão, a lei prevê pedido de reconsideração da decisão no prazo de dez dias.

No que diz respeito aos efeitos da deportação e da expulsão, nota-se que, no caso de deportação, o migrante pode ingressar ao país, desde que cumpra os requisitos legais ou previstos em tratado específico. Por outro lado, na expulsão, o retorno do indivíduo fica condicionado ao cumprimento do prazo de impedimento de reingresso que consta do ato administrativo de expulsão, proporcional à pena criminal aplicada.

Trata-se de uma inovação da NLM benéfica ao migrante, pois o Estatuto do Estrangeiro determinava que para o reingresso era preciso a revogação do decreto de expulsão, e a consequência era o impedimento de ingresso perpétuo (ACCIOLY *et al.*, 2019, p. 516-517).

Importante deixar claro que tais institutos jurídicos não se confundem com a extradição, que é ato de cooperação jurídica internacional em matéria criminal, mediante o qual um Estado entrega a outro indivíduo acusado de cometer crime ou já condenado pelo cometimento de um crime (ACCIOLY *et al.*, 2019, p. 510).

As diferenças entre extradição e medidas de retirada compulsória também existem no âmbito dos direitos individuais. Por exemplo, caso um migrante seja procurado pelo seu Estado de origem, mas também esteja em situação irregular no Brasil, este deve ser submetido ao processo de extradição e não de deportação. A preferência do instituto da extradição em detrimento da deportação é uma garantia ao indivíduo, como, por exemplo, a extradição para um país que aplicaria pena de morte ao indivíduo, hipótese proibida, pois fere os tratados de direitos humanos, sobretudo os que proíbem a pena capital (ACCIOLY *et al.*, 2019, p. 516).

A acolhida do imigrante e a construção de uma sociedade igualitária

O *Homo Sacer* é uma expressão do Direito Romano para se referir ao sujeito excluído da vida Civil. *Homo Sacer* em português significa Homem Sacro, porém sua sacralidade se dá em um sentido negativo, pois poderia ser morto por qualquer um, exceto em rituais religiosos. A vida desse sujeito constitui um núcleo de poder soberano; essa é a figura traçada por Giorgio Agamben (2007).

É possível conectar a exclusão do *homo sacer* com o imigrante que é excluído da vida política do Estado. Essa conexão entre imigrante ilegal e *homo sacer* existe ao passo que a definição daquele que é considerado ilegal é determinada pela lei interna do Estado. O conceito de cidadão traz uma valoração de identidade do país em vez de abranger aspectos da proteção da pessoa humana, que ultrapassam aspectos internos de um Estado (SILVA, 2012, p.79-89).

O controle dos fluxos migratórios a partir do direito penal, criminalizando o imigrante em situação migratória irregular, como ocorre em países do Norte Global, por exemplo, ou até mesmo impondo obstáculos ao acesso a serviços públicos de saúde, assistência social, educação e, até mesmo, com a negativa da participação da vida política, tem a intenção de anular os indivíduos, além da construção da imagem do imigrante como inimigo. A institucionalização da ilegalidade ganhou força segundo o entendimento de que o tema da migração deve se pautar sob a perspectiva dos Estados que utilizam o argumento da soberania para fundamentar a escolha da entrada dos indivíduos em seu território (GUIA, 2015, p. 129-144).

Porém, a liberdade total do Estado pautada no argumento da soberania esbarra nos tratados internacionais de direitos humanos, principalmente os que garantem a igualdade entre os indivíduos. Se assim não fosse, haveria violação do princípio da universalidade dos direitos humanos (VEDOVATO, 2012, p. 91-92).

Assim, a antítese do direito pautado na exclusão é o reconhecimento do imigrante como cidadão do mundo, o que significa, na prática, acolher. Este acolhimento ultrapassa e muito a mera possibilidade de ingresso do imigrante no país, o mero atravessar das fronteiras. É preciso que, uma vez no Brasil ou em qualquer outro país do mundo, o imigrante não seja um estrangeiro, mas, sim, uma pessoa que apenas possui uma nacionalidade diversa e os mesmos direitos.

É evidente que os atos de soberania dos Estados possuem a limitação nos tratados de direitos humanos universais, os quais garantem, no mínimo, a igualdade. Existe importante responsabilidade dos Estados em garantir os direitos de forma plena. Essa plenitude deve extrapolar o conceito de cidadão e nacionalidade.

As fronteiras, os muros, as restrições não são justificáveis, pois esbarram no direito à livre circulação na propriedade comum do Planeta Terra. Defende-se aqui a liberdade de deslocamento e livre circulação, que não pode ser entregue nas mãos da soberania dos Estados (DI CESARE, 2020, p.103).

Entender o contrário seria colaborar para um Estado de exceção, em que a exclusão impera, a mesma que gera o controle arbitrário do poder político e o arbítrio do uso do poder e da força. A posse da Terra é de todas e todos, assim devemos enxergar e cuidar do espaço comum que habitamos para que possamos ter a clareza de que qualquer ser humano é bem-vindo em qualquer lugar que ele deseje estar.

Prudence Kalambay Libonza e sua neta Eloah Prudence Kalambay

A África é um continente com seus 54 países, com suas culturas, etnias, religiões e riquezas.

As mães e mulheres africanas, independente da sua situação, são batalhadoras, verdadeiras guerreiras que vão ao campo para trazer sustento à sua família carregando o seu filho na costas.

Esse significado é proteção: "Antes de mexer no filho da gente toque em mim primeiro".

Prudence Kalambay Libonza
Maio de 2021

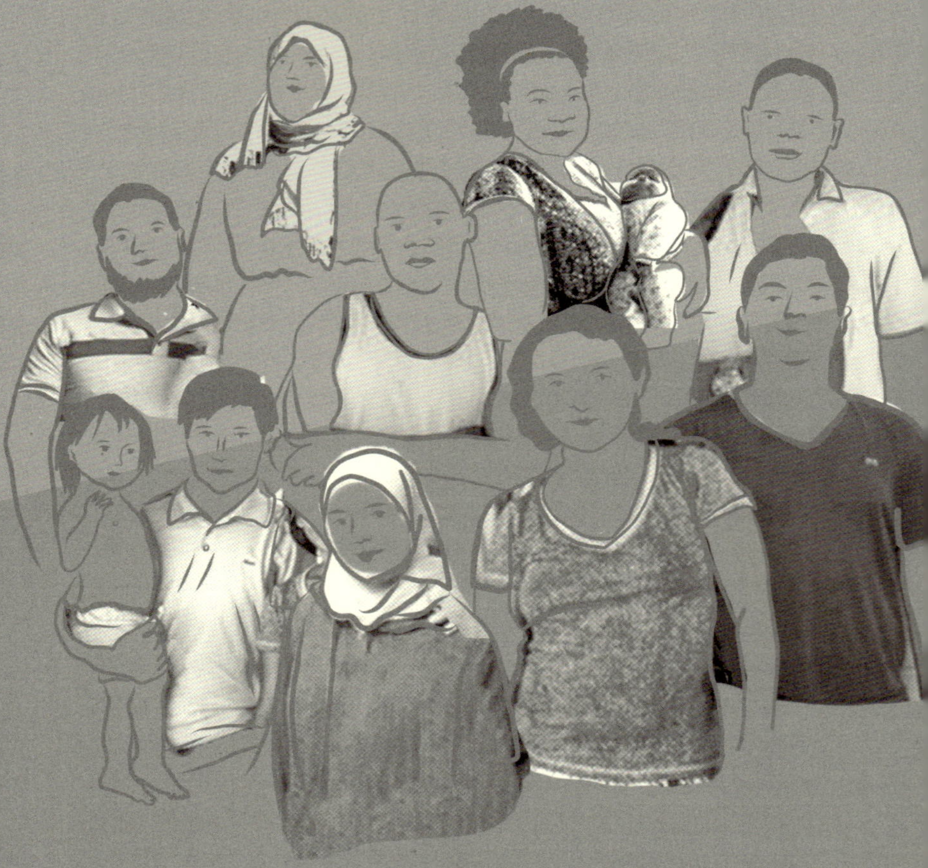

REFERÊNCIAS

ACCIOLY, Hildebrando *et al*. **Manual de Direito Internacional Público**. 24. ed. São Paulo: Saraiva, 2019.

ACNUDH. Convenção Internacional sobre a Proteção dos Direitos de Todos os Trabalhadores Migrantes e dos Membros das suas Famílias. Disponível em: <http://acnudh.org/wp-content/uploads/2012/08/Conven%C3%A7%C3%A3o-Internacional-para-a-Prote%C3%A7%C3%A3o-dos-Direitos-Humanos-de-todos-os-Trabalhadores-Migrantes-e-Membros-de-suas-Fam%C3%ADlias.pdf >. Acesso em: 31/03/2021.

ACNUR a. Convenção para redução dos casos de apatridia. Disponível em: < https://www.acnur.org/fileadmin/Documentos/portugues/BDL/Convencao_para_a_Reducao_dos_Casos_de_Apatridia_de_1961.pdf> Acesso em: 06/04/2021.

ACNUR b. Convenção Relativa ao Estatuto dos Refugiados (1951). Disponível em: http://www.acnur.org/fileadmin/Documentos/portugues/BDL/Convencao_relativa_ao_Estatuto_dos_Refugiados.pdf. Acesso em: 27/03/2021.

ACNUR c. Convenção sobre o Estatuto dos Apátridas. Disponível em: https://www.acnur.org/fileadmin/Documentos/portugues/BDL/Convencao_sobre_o_Estatuto_dos_Apatridas_de_1954.pdf. Acesso em: 06/04/2021.

ACNUR d. Declaração de Cartagena. Disponível em: http://www.acnur.org/fileadmin/Documentos/portugues/BD_Legal/Instrumentos_Internacionais/Declaracao_de_Cartagena.pdf. Acesso em: 28/03/2021.

ACNUR e. Protocolo de 1967 Relativo ao Estatuto dos Refugiados. Disponível em: <http://www.acnur.org/fileadmin/Documentos/portugues/BD_Legal/Instrumentos_Internacionais/Protocolo_de_1967.pdf>. Acesso em 27/03/2021.

AGAMBEN, Giorgio. **Homo Sacer.** O Poder soberano e a vida nua. Belo Horizonte: Editora UFMG, 2007.

ALMEIDA, Silvio Luiz de. **Racismo Estrutural.** São Paulo: Sueli Carneiro; Editora Jandaíra, 2020.

_____. **Enciclopédia Jurídica da PUCSP,** tomo I (recurso eletrônico): Teoria geral e filosofia do direito / coords. Celso Fernandes Campilongo, Alvaro Gonzaga, André Luiz Freire – São Paulo: Pontifícia Universidade Católica de São Paulo, 2017.

ARENDT, Hannah. **Origens do Totalitarismo.** São Paulo: Companhia das Letras, 1989.

ASSEMBLÉIA LEGISLATIVA DO ESTADO DE SÃO PAULO. Lei nº 16.685/2018. Disponível em: <https://www.al.sp.gov.br/repositorio/legislacao/lei/2018/lei-16685-20.03.2018.html>. Acesso em: 07/04/2021.

AYERBE, Luis Fernando. **Pandemia e renda básica universal.** Emergência conjuntural, governabilidade sistêmica ou consenso pós trabalho? 17/06/2020. Disponível em: <https://boletimluanova.org/tag/renda-basica/>. Acesso em: 22/06/2020.

BAUMAN, Zygmunt. **O mal-estar da pós-modernidade.** Rio de Janeiro: Zahar, 1998.

BENELLI, SJ. Goffman e as instituições totais em análise. In: **A lógica da internação**: instituições totais e disciplinares (des)educativas [online]. São Paulo: Editora UNESP, 2014, p. 23-62. Disponível em:< http://books.scielo.org/id/74z7q/pdf/benelli-9788568334447-03.pdf.> Acesso em: 06/04/2021.

BENHABIB, Seyla. Borders, Boundaries, and Citizenship. **Political Science and Politics**. p. 673-677. Vol. 38, nº 4, Oct. 2005a.

_____. **Los Derechos de los Otros**. Extranjeros, residentes y ciudadanos. Barcelona: Gedisa Editorial, 2005b.

BITTAR, Eduardo C. B. Reconhecimento e Direito à Diferença: teoria crítica, diversidade e a cultura dos direitos humanos. **Revista da Faculdade de Direito da Universidade de São Paulo**. V. 104, p. 551-565, jan./dez., 2009.

BOBBIO, Norberto. **Estado, Governo, Sociedade**. Fragmentos de um dicionário político. 20. ed. Rio de Janeiro/ São Paulo: Paz e Terra, 2017.

CAMPBELL, Tom. **Poverty as a violation of human rights**: Inhumanity or injustice? Working Paper 2003/9. Centre for Applied Philosophy and Public Ethics (CAPPE). Disponível em: <https://apo.org.au/sites/default/files/resource-files/2003-07/apo-nid8032.pdf>. Acesso em: 24/06/2020.

CARNEIRO, Wellington Pereira. A Declaração de Cartagena de 1984 e os desafios da proteção internacional dos Refugiados, 20 anos depois. In: **Direitos Humanos e Refugiados**. Cesar Augusto S. da Silva (organizador). Dourados: Ed. UFGD, 2012.

CAVALCANTI, L; OLIVEIRA, T.; Macedo, M., Imigração e Refúgio no Brasil. **Relatório Anual 2020**. Série Migrações. Observatório das Migrações Internacionais; Ministério da Justiça e Segurança Pública/ Conselho Nacional de Imigração e Coordenação Geral de Imigração Laboral. Brasília, DF: OBMigra, 2020.

CIDADE VIRTUAL. Convenção da OUA. Disponível em: <http://www.cidadevirtual.pt/acnur/acn_lisboa/e-oua.html>. Acesso em: 03/04/2021.

CIDH a. Convenção Americana sobre Direitos Humanos. Disponível em: <https://www.cidh.oas.org/basicos/portugues/c.convencao_americana.htm>. Acesso em: 28/03/2021.

CIDH b. Declaração Americana dos Direitos e Deveres Do Homem. Disponível em: <https://www.cidh.oas.org/basicos/portugues/b.Declaracao_Americana.htm>. Acesso em: 28/03/2021.

CIDH c. Protocolo adicional à Convenção Americana sobre Direitos Humanos em matéria de direitos econômicos, sociais e culturais, "Protocolo de San Salvador". Disponível em: <http://www.cidh.org/Basicos/Portugues/e.Protocolo_de_San_Salvador.htm>. Acesso em: 28/03/2021.

COMITÊ INTERNACIONAL DA CRUZ VERMELHA (CICV). **Pessoas Refugiadas da Síria.** Disponível em: <https://www.icrc.org/pt/pessoas-refugiadas-da-siria> Acesso em: 04/04/2021.

COMPARATO, Fábio Konder. **A afirmação histórica dos direitos humanos**. VIII Edição. São Paulo: Saraiva, 2013.

CONECTAS. Nota Técnica da Sociedade Civil sobre Portarias nº 120 e 125 referentes à restrição excepcional e temporária de entrada no Brasil de pessoas oriundas de países fronteiriços, exceto Uruguai. Disponível em: <https://www.conectas.org/wp/wp-content/uploads/2020/03/Nota-Te%CC%81cnica-da-Sociedade-Civil_fechamento-de-fronteira_COVID19_.pdf> Acesso em: 20/06/2020.

CONTIPELLI, Ernani; MENEZES, Daniel Francisco Nagao. O Conceito de Migração Ambiental: Perspectivas sobre dignidade humana e economia solidária. p. 537-547. **Migrações Sul-Sul**. 2. ed. Rosana Baeninger; Lúcia Machado Bógus; Júlia Bertino Moreira; Luís Renato Vedovato; Duval Fernandes; Marta Rovery de Souza; Cláudia Siqueira Baltar;

Roberta Guimarães Peres; Tatiana Chang Waldman; Luis Felipe Aires Magalhães (orgs). Campinas, SP: Núcleo de Estudos de População "Elza Berquó" – Nepo/Unicamp, 2018.

CORTE INTERAMERICANA DE DERECHOS HUMANOS. Opiniones Consultivas. Disponível em: <https://www.corteidh.or.cr/opiniones_consultivas.cfm>. Acesso em: 28/03/2021.

DALLARI, Dalmo de Abreu. **Elementos da Teoria geral do Estado**. 27. ed. São Paulo: Saraiva, 2007.

DE GODOY, Gabriel Gualano. O direito do outro, o outro do direito: cidadania, refúgio e apatridia. **Revista Direito e Praxis**, p. 53-79, v. 7, nº 3, 2016.

DE MORAES, Ana Luísa Zago. **Crimigração**: A Relação entre Política Migratória e Política Criminal no Brasil. Tese de Doutorado. Pós-Graduação em Ciências Criminais da Faculdade de Direito da PUC-RS. Porto Alegre, 2016.

DE PAULA, Bruna. O princípio do non-refoulement, sua natureza jus cogens e a proteção internacional dos refugiados e dos direitos humanos. **Revista Interdisciplinar da Mobilidade Urbana**, v. 16, n. 31, 2008. Disponível em: <http://www.csem.org.br/remhu/index.php/remhu/issue/view/6>. Acesso em: 07/04/2021.

DI CESARE, Donatella. **Estrangeiros Residentes**. Uma Filosofia da Migração. Editora Âyiné, 2020.

ETULAIN, Carlos Raul. América Latina e políticas públicas. Observações acerca das políticas sociais de um grupo de países selecionados (1990 a 2010). **International Forum "Russia and Iberoamerica in the globalizing world**: History and contemporaneity", São Petersburgo, Rússia, 2017.

FERRAJOLI, Luigi. **A soberania no mundo moderno.** São Paulo: Martins Fontes, 2002.

FOUCAULT, Michel. **História da Loucura.** São Paulo: Editora Perspectiva. 1972.

_____. **Vigiar e Punir.** História da violência nas prisões. 41. ed. Petrópolis, RJ: Vozes, 2013.

FREIRE, Débora *et al.* Renda Básica Emergencial: uma resposta suficiente para os impactos econômicos da pandemia da COVID-19 no Brasil? Nota Técnica. NEMEA Núcleo de Estudos em Modelagem Econômica e Ambiental Aplicada do Cedeplar-UFMG. Belo Horizonte, 2020. Disponível em: <https://pesquisas.face.ufmg.br/nemea/wp-content/uploads/sites/20/2020/05/Nota_Tecnica_RBE_VF.pdf>. Acesso em: 24/06/2020.

GOV BR a. Ministério da Educação. Celpe-Bras, 2021. Disponível em: <https://www.gov.br/inep/pt-br/areas-de-atuacao/avaliacao-e-exames-educacionais/celpe-bras>. Acesso em: 17/02/2021.

GOV BR. b. Portaria nº 623 de 13 de novembro de 2020. Disponível em: <https://www.in.gov.br/en/web/dou/-/portaria-n-623-de-13-de-n>. Acesso em: 17/02/2021.

GOV BR c. Operação Acolhida. Disponível em: <https://www.gov.br/acolhida/historico/>. Acesso em: 04/04/2021

GUIA, Maria João; Pedroso, João. A insustentável resposta da "Crimigração" face à irregularidade dos migrantes: uma perspectiva da União Europeia. **REMHU – Rev. Interdiscip. Mobl. Hum., Brasília**, Ano XXIII, n. 45, p. 129-144, jul/dez 2015.

GUIMARÃES, Cátia. A importância de um sistema de saúde público e universal no enfrentamento à epidemia. **EPSJV Fiocruz**, 21/12/2020. Disponível em: <https://www.epsjv.fiocruz.br/noticias/reportagem/a-importancia-de-um-sistema-de-saude-publico-e-universal-no-enfrentamento-a>. Acesso em: 07/04/2021.

HORVATH JÚNIOR, Miguel. **Direito Previdenciário**. 7. ed. São Paulo: Quartier Latin, 2008.

IHU. **Padre expulso pela ditadura há 31 anos volta ao Brasil e quer reaver batina em Palmares (PE)**. Publicado em: 04/02/2012. Disponível em: <http://www.ihu.unisinos.br/172-noticias/noticias-2012/505391-padreexpulso-pela--ditaduraha31anosvolta>. Acesso em: 26/09/2018.

JUBILUT, Liliana Lyra. **O Direito Internacional dos Refugiados e sua aplicação no ordenamento jurídico brasileiro**. São Paulo: Método, 2007.

JUBILUT, Liliana Lyra; APOLINÁRIO, Silvia Menicucci. O. S. A Necessidade de proteção internacional no âmbito da migração. P. 281. **Revista Direito GV**, São Paulo: 6(1), p. 275-294, jan-jun 2010.

KANT, Immanuel. **À Paz Perpétua**: Um Projecto Filosófico. Universidade da Beira Interior Covilhã, 2008.

LA GARZA, Cecilia De. Xenofobia. **Laboreal Online**, Volume 7, n. 2, 2011. Disponível em: <http://journals.openedition.org/laboreal/7924>. Acesso em: 29/09/2020.

LAFER, Celso. **A internacionalização dos Direitos Humanos**: Constituição, racismo e relações internacionais. Barueri-SP: Manole, 2005.

_____. **Direitos humanos**: um percurso no direito no século XXI, 1. São Paulo: Atlas, 2015.

_____. **A Reconstrução dos Direitos Humanos**: um diálogo com o pensamento de Hannah Arendt. 8ª Reimpressão São Paulo: Companhia das Letras, 1988.

MADUREIRA, André de Lima; SILVA, João Carlos Jarochinski. Desafios à Aplicação de Soluções Duráveis. **Seminário Migrações Internacionais, Refúgio e Políticas**. São Paulo, 2016.

NAÇÕES UNIDAS BRASIL. OIT. Disponível em: <https://nacoesunidas.org/agencia/oit/>. Acesso em: 24/06/2020.

NOGUEIRA, Mara; AMARAL, Aiko Ikemura; JONES, Gareth. The impact of COVID-19 on Brazil's precarious labour Market calls for far-reaching policies like universal basic income. LSE Latin America and Caribbean Blog, 3 de junho de 2020. Disponível em: <https://blogs.lse.ac.uk/latamcaribbean/2020/06/03/the-impact-of-covid-19-on-brazils-precarious-labour-market-calls-for-far-reaching-policies-like-universal-basic-income/>. Acesso em: 20/06/2020.

OAS a. Convenção Interamericana Contra o Racismo, a Discriminação Racial e Formas Correlatas de Intolerância. Disponível em: <https://www.oas.org/en/sla/dil/docs/inter_american_treaties_A-..69_Convencao_Interamericana_disciminacao_intolerancia_POR.pdf >. Acesso em: 17/02/2021.

OAS b. Pacto Internacional dos Direitos Civis e Políticos Disponível em <https://www.oas.org/dil/port/1966%20Pacto%20Internacional%20sobre%20Direitos%20Civis%20e%20Pol%C3%ADticos.pdf>. Acesso em: 28/03/2021.

OAS c. Pacto Internacional dos Direitos Econômicos, Sociais e Culturais. Disponível em: <https://www.oas.org/dil/port/1966%20Pacto%20Internacional%20sobre%20

os%20Direitos%20Econ%C3%B3micos,%20Sociais%20e%20Culturais.pdf>. Acesso em: 28/03/2021.

OBSERVATÓRIO DAS MIGRAÇÕES a. Banco de Dados Interativo. Imigrantes Internacionais Registrados. Disponível em: <https://www.nepo.unicamp.br/observatorio/bancointerativo/numeros-imigracao-internacional/sincre-sismigra/>. Acesso em: 03/04/2021.

OBSERVATÓRIO DAS MIGRAÇÕES b. Solicitações de reconhecimento da condição de refugiado. Disponível em: <https://www.nepo.unicamp.br/observatorio/bancointerativo/numeros-imigracao-internacional/conare/>. Acesso em: 04/04/2021.

OEA. Casos na corte. Disponível em: <http://www.oas.org/pt/cidh/decisiones/demandas.asp?Year=2012&Country=DOM>. Acesso em: 28/03/2021.

OIM a. Migration Data Portal. Inflow of Migrant workers. Disponível em: <https://migrationdataportal.org/data?t=2018 & i=inflow work>. Acesso em: 03/04/2021.

OIM b. Who is a migrant? Disponível em: <http://www.iom.int/who-is-a-migrant>. Acesso em: 03/04/2021.

ONU BR a. A Carta das Nações Unidas. Disponível em: <https://brasil.un.org/pt-br/91220-carta-das-nacoes-unidas>. Acesso em: 27/03/2021.

ONU BR b. Declaração Universal de Direitos Humanos. Disponível em: <https://brasil.un.org/pt-br/91601-declaracao-universal-dos-direitos-humanos>. Acesso em: 27/03/2021.

PIOVESAN, Flávia. **Direitos Humanos e o direito constitucional internacional**. 14. ed. São Paulo: Saraiva, 2013.

RAMOS, André de Carvalho. **Curso de Direitos Humanos**. 6. ed. São Paulo: Saraiva Educação, 2019.

_____. **Teoria Geral dos Direitos Humanos na ordem internacional**. 4. ed. São Paulo: Saraiva, 2014.

_____. Asilo e Refúgio: semelhanças, diferenças e perspectivas; 60 anos de ACNUR: perspectivas de futuro. RAMOS, André de Carvalho; RODRIGUES, Gilberto; ALMEIDA, Guilherme Assis de, (orgs). São Paulo: Editoda CL-A Cultural, 2011. Apud HATHAWAY, James. The Law of Refugee Status. Vancouver: Butterworths, 1991, p.7-8. **Revista Direito e Práxis**. vol. 7, núm. 15, 2016, p. 53-79.

RODRIGUEZ, José Rodrigo. **Franz Neumann**: O direito liberal para além de si mesmo. Curso Livre de teoria crítica. Nobre, Marcos (Organizador). Campinas, SP: Papirus, 2008.

SASSEN, Saskia. **Expulsões**. Brutalidade e Complexidade na Economia Global. São Paulo: Paz e Terra, 2016.

SAYAD, Abdelmalek. **A Imigração ou os paradoxos da alteridade**. São Paulo: Editora da Universidade de São Paulo, 1998.

SILVA, Jarochiski Silva. A situação do imigrante ilegal hoje: o ressurgimento do homo sacer. **Universitas Relações Internacionais**, Brasília, v. 10, n. 2, p. 79-89, jul./dez. 2012.

SILVA, João Carlos Jarochinski. Uma análise dos fluxos migratórios mistos. **60 anos de ACNUR**: perspectivas de futuro. RAMOS, André de Carvalho; RODRIGUES, Gilberto; ALMEIDA, Guilherme Assis de, (Orgs). São Paulo: Editora CL-A Cultural, 2011.

SILVA, João Carlos Jarochinski; MADUREIRA, André de Lima. Desafio à aplicação de Soluções duráveis. Seminário **Migrações Internacionais, Refúgio e Políticas**. 12/04/2016.

Disponível em: <https://www.nepo.unicamp.br/publicacoes/anais/arquivos/6_ALM%20OK.pdf>. Acesso em: 25/05/2021.

SPRANDEL, Marcia Anita. Migração e Crime: a Lei 6.815 de 1980. *REMHU- REV.* **Interdiscip. Mobil. Hum.**, Brasília, Ano XXII, nº 45, p. 145-168, jul./dez., 2015. P. 147.

SUPREMO TRIBUNAL FEDERAL. HC 94016-1. Disponível em: <http://redir.stf.jus.br/paginadorpub/paginador.jsp?docTP=AC&docID=578258>. Acesso em: 07/04/2021.

TELLES JR., Goffredo. **A criação do Direito**. 3. ed. São Paulo: Saraiva, 2014.

TRINDADE, Antônio Augusto. **Direitos Humanos e Meio-Ambiente**: Paralelo dos sistemas de proteção internacional. Porto Alegre: Sergio Antonio Fabris Editor, 1993. p. 132.

VEDOVATO *et al*. A migração e o direito de voto no mundo globalizado. p. 123-133. In: **Imigração e cidadania**: uma releitura de instrumentos jurídicos clássicos a partir do modelo europeu. Orgs: Moura, Aline Beltrame de, *et al*. Dados Eletronicos. Irajaí, SC, Ed. Da Univali, Florianópolis, SC, Ed. da UFSC, 2018.

VEDOVATO, Luís Renato. **Ingresso do Estrangeiro no território do Estado sob a perspectiva do Direito Internacional Público**. Tese de Doutorado em Direito Internacional, Faculdade de Direito da Universidade de São Paulo, São Paulo, 2012. p. 91-92.

VEDOVATO; Luis Renato; PEDAGOGA, Ana Elisa Spaolonzi Queiroz Assis; SAMPAIO; Alexandre Andrade. Proteção internacional do trabalhador e as políticas migratórias. **Revista DIREITO E JUSTIÇA** – Reflexões Sociojurídicas. Ano XVI, nº 27, p. 211-232, novembro 2016.

WEIS, Carlos. **Direitos Humanos Contemporâneos.** 2. ed. São Paulo: Malheiros, 2012.

ZAFFARONI, Eugênio Raul. **Em busca das penas perdidas**: a perda da legitimidade do sistema penal. Rio de Janeiro: Revan, 1991.